# DIVÓRCIO *Bem* SUCEDIDO

VOCÊ FELIZ E NO PODER

Cristina Longhi & Kátia Oliveira

# DIVÓRCIO *Bem* SUCEDIDO

## VOCÊ FELIZ E NO PODER

NOVA SENDA

DIVÓRCIO BEM-SUCEDIDO



Diagramação: Décio Lopes

Projeto gráfico da capa: Jorge Ribeiro – A7 Estúdio

Revisão: Luciana Papale

1ª impressão | Agosto de 2018

DADOS DE CATALOGAÇÃO DA PUBLICAÇÃO

Longhi, Cristina | Oliveira, Kátia

Divórcio Bem-Sucedido – Você feliz e no poder/Cristina Longhi & Kátia Oliveira – 1ª edição – São Paulo – Editora Nova Senda, 2018.

Bibliografia.
ISBN 978-85-66819-24-3

1. Autoajuda 2. Autoconhecimento I. Título.



EDITORA NOVA SENDA
Rua Jaboticabal, 698 – Vila Bertioga – São Paulo/SP
CEP 03188-001 | Tel. 11 2609-5787
contato@novasenda.com.br | www.novasenda.com.br

# Sumário

# Prefácio

Ninguém imagina que um dia irá perder ou mudar algo tão drasticamente em sua vida a ponto de sentir que perdeu o chão. Nos dias de hoje é muito comum as pessoas sentirem dúvidas, medos e frustrações, e o que mais ouvimos a respeito do divórcio é que algo mudou para pior, que tudo ficou difícil e que as pessoas que passaram por isso perderam poder, não são mais as mesmas, estão dependentes, carentes e infelizes. Será que precisa mesmo ser assim?

Uma parte de nossas histórias foi exatamente assim. Até que descobrimos como dar a volta por cima. Eu, Cristina, divorciei-me quando ainda morava nos Estados Unidos, e foi de lá, via internet, que conheci Katia.

Katia me procurou para que eu a ajudasse a resolver suas próprias questões pertinentes a seu relacionamento. Por meio da orientação dada a ela no seu processo de separação, eu aproveitei para testar, de duas formas, tudo o que vinha aprendendo com a minha própria história resultante da minha separação. Ambas estávamos a caminho do divórcio, tínhamos filhos e muitas dúvidas e medos. A diferença é que eu tinha bastante conhecimento de como lidar com as questões emocionais e ela não tinha nem entendimento para lidar consigo mesma, quanto mais com seus relacionamentos. Ambas mudaram tanto que foi possível que criássemos parâmetros que pudessem ser ensinados e seguidos. Como acompanhei a transformação de Katia ao longo de alguns anos, nos tornamos amigas, a ponto de eu convidá-la para me ajudar a escrever este livro e, com isso, poder mostrar aos leitores que é sim possível fazer uma poderosa mudança de vida, não importando de que ponto está começando, ou melhor, recomeçando.

Kátia se desenvolveu de uma forma muito interessante. Aprendeu a se autoconhecer emocional e intelectualmente, mesmo não tendo nenhum respaldo familiar. Ela tinha um sonho, escrever e mudar de profissão. Com o meu incentivo, passou a escrever suas poesias e hoje é administradora de uma página no Facebook chamada *Coração em Letras*. Nesse meio tempo, começamos juntas a administrar a página *Divórcio Bem-Sucedido* e foi aí que percebi quão talentosa ela é. Em nossos muitos bate-papos fomos construindo novas ideias a respeito de nossas vidas, fomos nos apoiando, cada uma à sua maneira foi se reconstruindo. Hoje estamos muito bem, felizes e poderosas. Então resolvemos transformar meu primeiro e-book a respeito do tema, que se chamava *Divorciada Bem-Sucedida*, neste livro, para que pudéssemos ajudar muito mais pessoas, incluindo aqui, os homens, que também podem ser Divorciados e Bem-sucedidos.

Tudo neste livro foi testado por mim e pela Kátia. Nós comprovamos que, tomar certas atitudes emocionais de forma específica, perante as coisas que iam nos acontecendo, fez toda a diferença. Eu, Cristina, especializei-me em ajudar as pessoas a fazerem transformações pessoais em suas vidas de forma duradoura e segura, por meio das mudanças de paradigmas e do alinhamento emocional. É assim que é possível reconstruir vidas, não importando o que tenha acontecido antes com cada um. Dar significados que fortalecem as coisas que nos acontecem sem perder nossas forças com aquilo que aconteceu, é possível. Você aprenderá a fazer isso por si mesmo e utilizará qualquer momento ruim da sua vida como um grande trampolim, ao invés de uma âncora, que vai segurá-lo na dor.

Já dizia Confúcio:

*Não podemos controlar o vento, mas podemos ajustar as velas para aproveitarmos o vento e chegarmos onde queremos.*

# 1

# *História da Cristina*

Sou uma pessoa comum, casei, tive três filhos, separei-me, fiquei divorciada por 6 anos. Hoje sou mega feliz e estou casada novamente, e quero que você, assim como eu, possa conquistar a vida dos seus sonhos.

Descobri como conquistar o meu poder pessoal, com isso, conquistei tudo que tenho hoje. O divórcio não me impediu de crescer, pelo contrário, ajudou-me. Trouxe-me forças.

Sou saudável, feliz e tenho uma vida pessoal, profissional e financeira excelente. Além de ser terapeuta, escritora e comunicadora em uma rádio onde tenho três programas semanais, sou mãe de três filhos e ainda ganhei um enteado.

Hoje vivo em paz e em harmonia com todos ao meu redor. Minha vida amorosa se renovou e eu aprendi a conquistar o que desejo por meio da minha própria força, nunca esperando nada dos outros.

Meus três filhos estão estruturados emocionalmente e muito felizes. O divórcio não os abalou, ao contrário, trouxe também estrutura emocional a eles.

É possível se reinventar! Ao me divorciar, eu recomecei minha vida literalmente do zero. Quando cheguei ao Brasil, no dia 1º de março de 2013, eu só tinha R$ 500,00 (isso mesmo, recomecei a minha vida com muito pouco). Hoje, quatro anos depois, tenho tudo que preciso.

Em meu primeiro casamento, da qual vou falar aqui, moramos por seis anos nos Estados Unidos (de 2007 até 2013), ao me divorciar, decidi voltar ao Brasil, mas ainda fiquei por lá um ano e dois meses, divorciada.

Quando cheguei ao Brasil eu não tinha casa, nem carro, nem emprego. Dois meses depois tinha carro e casa alugada. Sete meses depois estreava meu primeiro programa na rádio. Um ano depois, eu fazia minha primeira viagem ao Egito, em menos de quatro meses fiz a segunda viagem para lá e lancei o meu primeiro livro no Brasil. Hoje tenho quatro livros publicados no Brasil e um nos Estados Unidos.

Meu objetivo agora é ajudar você a conquistar a vida dos seus sonhos!

No decorrer dessa experiência, o divórcio, descobri algo que foi essencial e que garantiu minha sanidade, minha paz interior e minha felicidade. Agora é a sua vez. Tenho certeza de que este aprendizado fará uma enorme diferença em sua vida também!

Este conhecimento que agora você vai adquirir, vai ajudá-lo a passar por qualquer situação em sua vida de forma serena e bem-sucedida.

Trata-se de uma grande sacada, e não de um milagre. É algo que poucas pessoas se dão conta, porque não fomos ensinados a pensar desta forma. Aprendemos que divórcio e separação são sinônimos de sofrimento e falta de poder, e que invariavelmente uma das partes (às vezes as duas) perde a força, a dignidade e a própria paz.

Aprendi que não precisa ser assim. Existe outra forma de se tornar uma pessoa bem resolvida, mesmo depois de um grande desastre emocional ou de um acontecimento ruim.

Sinto muita gratidão por ter aprendido isso.

Este conhecimento vai lhe proporcionar uma mudança definitiva! De agora em diante, suas atitudes serão diferentes, com pensamentos diferentes, obtendo resultados muito diferentes de tudo que viveu até agora, contribuindo não somente em relação a seu divórcio, mas em tudo que diz respeito a sua vida.

Pode acreditar!

## Meu divórcio, minha história, minha vida

Eu sou Cristina Longhi, casei-me cedo, aos 18 anos, por pura opção. Meu objetivo era encontrar um marido para casar. Eu sabia o que queria, fui atrás e encontrei.

Meu maior desejo era ter uma família, uma carência obtida devido a uma infância desestruturada. Cresci em uma família sem noção do que significava proteger-se emocionalmente, cuidar dos filhos e ajudar uns aos outros.

Meus pais se conheceram, tiveram um breve romance e eu fui concebida. Não foi planejado, eu não fui desejada. Após meu nascimento, no meu primeiro mês de vida, morei com minha mãe e suas amigas no centro de São Paulo. Depois minha mãe foi tentar pela primeira vez morar com o meu pai. Uma tentativa que não deu certo nenhuma vez. Entre idas e voltas, minha irmã, Ana, foi concebida e, da mesma forma, não foi planejada e nem desejada. Minha mãe tinha tido antes outra filha, Elisangela, que era cuidada por minha avó materna.

Meu pai era neto de italianos e sírios. Minha mãe nasceu no Paraná. A família de ambos era simples, mas a minha avó paterna, que era síria, não via os dois como iguais. Minha mãe nunca foi aceita por ela, que desejava para o meu pai uma "mulher melhor", mais digna e de preferência da mesma raça. Desde pequena eu convivi com a ideia de que éramos inferiores. Não tínhamos os mesmos direitos. Isso era muito claro, até a comida era separada.

Um dia minha mãe foi embora definitivamente de São Paulo, para Minas Gerais. Os dois foram à justiça brigar por nossa guarda. Lembro-me de duas situações entre advogados e fóruns. A decisão, que afetaria muito nossas vidas, foi que eu ficaria com minha mãe e minha irmã com o meu pai, cada uma em uma cidade. Não foi nem um pouco simples isso, meus pais sofreram e nós duas também ao ficarmos longe um dos outros.

Essa primeira separação durou cerca de um ano. Em Minas Gerais eu comecei a sofrer desmaios constantes. Minha mãe, sem condições de cuidar de mim, ligou para o meu pai e me entregou para ele. Um tempo depois, por volta dos meus 16 anos, descobri que eu tinha um problema de coração. Em uma consulta disseram que eu tinha um sopro no coração e que não poderia ficar nervosa. O diagnóstico exato veio somente dois anos mais tarde quando me casei e enfim pude ter um convênio médico. Descobri então que, na verdade, eu tinha um buraco no coração.

Fiz uma cirurgia cardíaca aos 20 anos, logo após o nascimento de Patrick, meu filho. Eu poderia ter morrido em qualquer uma das vezes que desmaiei. Mas por algum motivo ainda estou aqui.

Mas, voltando à minha infância, depois que voltei definitivamente para São Paulo, fui morar com minha irmã, meu pai, minha avó e uma tia. Fiquei muitos anos sem ver minha mãe, pois, além de ela não ter condição financeira de ir nos ver, a família do meu pai também não deixava. Ela ligava e falavam que não estávamos, ela não tinha acesso a nós.

Depois de alguns anos dando explicações sobre onde estava minha mãe, decidi, por mim mesma, falar para meus amiguinhos na escola que ela tinha morrido. Então as pessoas pararam de fazer perguntas. Para mim foi melhor assim, por um tempo. Eu tinha por volta de uns 8 anos quando tomei essa decisão.

Dentro de mim, sentia muita falta de minha mãe. Muita mesmo. Fomos crescendo num lar estranho, apesar do carinho do meu pai e da minha avó. Eu sei que nos deram o que podiam dar, e que foi com todo o carinho, sinto gratidão e sei que precisava ser assim.

Mas faltaram muitas coisas, muitos cuidados. Apesar de ter duas mulheres na casa, eu e minha irmã, ainda pequenas, não tínhamos uma figura feminina para cuidar da gente. Ainda muito novas, assumimos o papel que seria da nossa mãe, ou de uma esposa do nosso pai, no sentido de cuidados com a casa, com nossa comida e com nós mesmas.

Meu pai fazia comida para ele, e para nós duas, quando podia. Não éramos problema da mãe e irmã de meu pai. Elas cozinhavam separado, somente para elas. Tinham uma geladeira separada e certas coisas na casa era só delas, como a máquina de lavar roupas, por exemplo.

Como meu pai tinha um bar, frequentemente chegava de madrugada; ele era muito trabalhador. Então eu e minha irmã fazíamos a comida para aliviar o trabalho dele. Nós também limpávamos a casa toda. Era uma obrigação. Com cerca de nove anos éramos também responsáveis pela nossa roupa e a de nosso pai, e não podíamos nem chegar perto da máquina de lavar. Eu combinei com minha irmã que eu lavava e ela passava. Eu cuidava dela e ela de mim.

Como aprendi que não tínhamos valor, já que não éramos dignas, eu procurava dar o menor trabalho possível, já que as ameaças de nos botarmos para fora eram constantes entre minha avó e meu pai. Éramos declaradamente um estorvo na vida delas e na vida dele, elas viam assim. Meu pai nos amava, mais não tinha a mínima ideia de como lidar com a situação. Ele não sabia argumentar, não sabia nos explicar as coisas, nós vivíamos sem entender.

Nunca ninguém nos ensinou nada sobre as coisas da casa, da vida ou sobre nosso corpo e nossa saúde. Não tínhamos parâmetros, nem modelos ideais de nada. Somente fazíamos, sentíamos, vivíamos.

Para não dar mais trabalho e ser motivo de um estrago maior, eu não dizia a ninguém quando passava mal, algo que era constante. Eu disfarçava e continuava seguindo em frente. Falar dos meus sentimentos e chorar, nem pensar. Aprendi a parar e esperar passar. Nas vezes que eu desmaiava, acordava com eles me olhando e ficava por isso mesmo, nunca fomos buscar uma resposta. Fui criando uma espécie de vergonha por ser assim. Por isso, nunca falava nada para ninguém, nem mesmo entre minhas amigas na escola. Eu achava que se eu causasse algum tipo de problema, seria excluída, descartada.

Como não trazia dentro de mim a sensação de autovalor, eu não queria que ninguém tivesse nenhum trabalho comigo. Até mesmo ganhar algo de alguém causava um sentimento ruim dentro de mim. Eu rezava para nunca ganhar nada, porque agradecer era algo bastante doloroso, algo muito estranho.

Depois que minha mãe foi embora, meu pai nunca mais se relacionou com nenhuma outra mulher. Foi então que começou a ficar doente do coração. Ele faleceu aos 51 anos, na época eu tinha 19 anos e tinha acabado de me casar; esperava o meu primeiro filho.

Não aprendi valores importantes, ou como me comportar, não aprendi como uma mãe, um pai ou uma família procedem. Não aprendi coisas sobre a vida, nem como me comportar em determinadas situações. O modelo de vida que aprendi com eles tinha a ver somente com a maneira de desconfiar dos outros, ver os outros como inimigos, o mundo como ruim, aprender a se comparar, querer o irreal.

Como podem perceber, cresci num lar desestruturado, emocionalmente falando. Não aprendi o que precisava e, mesmo assim, consegui me transformar, indo buscar sozinha, aquilo de que precisava. Você pode fazer isso também, é só decidir que fará.

Quando meu primeiro filho nasceu, como eu era muito nova, não sabia muito bem como cuidar dele. Eu quase não o pegava no colo, na minha cabeça, cuidar era trocar quando precisasse e alimentar quando ele chorasse. Logo descobri que era muito mais que isso e consegui, com muita dedicação, reverter aquela situação. Quando Kevin, meu segundo filho, nasceu, já foi outra história.

Aprendi com o meu ex e com a sua família, por meio de exemplos, o que significa de fato ter uma família. Aprendi com eles qual era o papel de mãe, de pai, de irmão, avós, de cada membro de uma família. Sinto-me profundamente grata por ter tido a oportunidade de ter o exemplo deles. Fui dos 8 aos 80.

Aprendi com eles o outro lado da história, lembro-me nitidamente de que achei estranho, logo depois que conheci meu ex, ver a mãe dele abraçá-lo e perguntar como ele estava. Era estranho ver alguém sendo cuidado, aquilo não existia no meu mundo. A mãe dele era mãe, a avó dele era vó, o pai dele era pai, cada um no seu papel. Todos se olhavam, se cuidavam, se preocupavam uns com os outros. Era muito louco ver tudo isso. A família dele funcionava. Achei aquilo lindo e desejei o mesmo para mim. Decidi que teria meus filhos ali e que eles teriam isso.

O destino mostra muitas coisas. Hoje estou numa situação bem inversa. Meu atual marido não soube ser pai, não conseguiu ser o que desejava para seu filho, justamente por não fazer ideia de como. Meu enteado estava desestruturado, tentando ajustar a rota. Hoje, juntos, estamos todos olhando para isso com gratidão por termos entendimento. Aos poucos eles estão se ajustando com eles próprios e com suas vidas.

Ao longo do meu primeiro casamento, que durou cerca de 16 anos, aprendi muito em todos os sentidos. Não me arrependo de nenhuma decisão tomada, sei que tudo o que aconteceu ao longo de todos estes anos contribuiu para que eu seja a pessoa que sou hoje.

As dificuldades maiores foram em relação as nossas diferenças e desejos. Um casamento não acaba de um dia para o outro. O meu, teve várias fases boas e ruins como qualquer casamento. Muito das coisas ruins que passamos poderiam ter sido evitadas se soubéssemos como lidar com as diferenças, com a frustração pessoal, com as emoções, nossas e do outro, principalmente se soubéssemos como comunicar isso um ao outro. Fui aprendendo e resolvendo tudo na medida em que os anos iam passando. Mas como o tempo, o amor e a vontade de ficar com ele foi se transformando em um amor de irmão. Crescemos muito juntos.

Ambos nos desenvolvemos ao longo dos anos, este desenvolvimento nos levou a ter pontos de vista cada vez mais diferentes. Hoje, sei claramente que o que fez a separação acontecer foi o fato de que não olhávamos mais para a mesma direção. Queríamos para nossa vida e nossa futura velhice algo muito diferente. Esta guerra de forças ficou constante até que não conseguimos mais lidar com isso. Um dia eu percebi que não queria mais convencê-lo sobre o meu ponto de vista. Foi então que decidi não querer mais forçar a barra. Se eu forçasse, acredito que daria super certo no final, pois poderíamos aprender a lidar com as diferenças de uma forma harmoniosa. Mas não existia mais o sentimento de amor.

Como existia muito apego dele com tudo que fomos construindo ao longo dos anos, principalmente as coisas materiais, eu sabia que o mais difícil seria dividir o que tínhamos. Foi aí que tomei a decisão de me libertar de tudo. Decidi assinar um documento deixando todos os nossos bens para ele. E foi o que fiz. Não me arrependo nem um pouco, foi daí que meu poder veio. Assim, ele concordou com o divórcio, dessa forma, foi fácil e simples. Nos divorciamos em três meses.

Então minha nova história começou. Vi-me totalmente sozinha. Tinha meus irmãos, minha mãe e amigas com quem eu podia contar, mas só no sentido de apoio. E todos estavam no Brasil.

Eu tinha esses apoios, mas ninguém paga as nossas contas, e ninguém resolve nossa vida. Isso quem faz somos nós mesmos. Passei por muitas situações limitantes e escolhi aprender e dar a volta por cima. Deu certo, eu consegui.

Descobri que eu tinha duas saídas. Ambas difíceis. A primeira seria me entregar ao papel de mulher divorciada, carente, dependente, coitada e esperar a vida me trazer algo. Nesta opção, eu ficaria a mercê do que vinha de fora, dos outros. A outra opção seria enxergar por outro ângulo completamente diferente e tomar as rédeas daquilo que queria que acontecesse em minha vida. Foi a opção que tomei e você entenderá exatamente como passei a realizar as coisas na minha vida partindo exatamente de onde estava, praticamente do zero.

# 2

# *História da Kátia*

Olá! Muito prazer, eu sou a Katia, e também sou uma pessoa comum como a Cristina e você. Tenho a minha história, assim como você também tem a sua. Qual a diferença entre nós? Nenhuma! Você teve seu aprendizado, e eu tive o meu. Neste livro, vou compartilhar o que aprendi depois do meu divórcio. E olha, eu aprendi tanta, mas tanta coisa, que seria egoísmo não querer repassar todo esse aprendizado!

Há mais de dez anos estou no caminho do autoconhecimento, mas foi depois do divórcio que realmente veio a prática. É muito comum as pessoas buscarem conhecimento e apenas adquirirem conteúdo, um livro atrás do outro, conteúdo e mais conteúdo. São os chamados "papa-conteúdo", que na prática não muda nada, pois não aplicam o que aprenderam na vida real. Eu também já fui assim e está tudo bem, é importante essa fase de obtenção do conhecimento. Mas chega uma hora que é da prática que precisamos. Esse momento pode chegar de forma leve, mas, na maioria dos casos, chega como um furacão mesmo, a vida vem e faz com que saia da sua zona de conforto, trazendo situações como, por exemplo, a morte de alguém, uma traição, o desemprego ou a tão temida separação.

São nesses momentos que a gente se mexe, por obrigação, mas se mexe. A insatisfação, tristeza, raiva, injustiça, tudo isso nos leva a mudar. Podemos até mudar por amor, mas, infelizmente, não gostamos de mudanças, não queremos que nada seja diferente do que é conhecido hoje, por mais que não estejamos felizes.

Na maioria dos casos, a mudança vem pela dor. Quanto mais dispostos a mudar, crescer, entender e evoluir estivermos, mais rápido virá a mudança, e menor será o tempo de sofrimento. Minha mudança foi sim pela dor, claro! Infelizmente temos a tendência de só sair da zona de conforto quando o sofrimento bate à porta, podemos sempre aprender pelo amor, mas, cadê a coragem?

É justamente esse o objetivo deste livro, que o seu sofrimento dure menos tempo, que você possa olhar para a sua vida e para a situação atual de forma diferente, que este acontecimento doloroso chamado divórcio traga transformação. O objetivo é torná-lo uma pessoa muito melhor do que era antes, não o contrário, pois vemos muitas pessoas por aí amarguradas, tristes, se sentindo injustiçadas e de mal com a vida. Não acreditam mais em si mesmo e desistem do amor. Este caminho só deixa a pessoa estagnada na situação que ela não quer mais, não muda nada. Eu continuo acreditando no amor. Acredito que estamos aqui para evoluir e sermos muito felizes, amar e sermos amados. Se você está desacreditado de tudo, continue lendo este livro, tenho certeza de que o seu olhar sobre si mesmo e sobre a vida nunca mais será o mesmo.

Após muito pensar decidi que, em vez de contar a minha história, seria melhor relatar o que aprendi com ela, é isso que importa, esse é o objetivo deste livro: contribuir para que você se torne melhor.

Mas, quem é essa pessoa que escreve com a Cristina? Vou fazer um resuminho:

## Meu divórcio, minha história, minha vida

Eu sou Katia Oliveira, tenho 37 anos e já estou divorciada há mais de 5 anos, tenho um filho lindo de quase seis anos. Separei-me quando ele tinha apenas dois meses, então você pode imaginar que não foi nada fácil. Tive minha fase cinza, de uma enorme insatisfação com a vida, na qual passei por todos os sentimentos possíveis. Senti tristeza, amargura, raiva, e principalmente me senti muito injustiçada e arrependida, aquela triste sensação de que foi tempo perdido.

Foram vários questionamentos sobre mim e sobre a vida. Sabe aquela depressão que ninguém percebe? Você faz tudo que precisa fazer, trabalha, cuida da casa, do filho, convive com as pessoas, vive sua vida normalmente, mas por dentro nada daquilo faz sentido, não tem prazer, não tem gosto, está no piloto automático, um robô. Era assim que eu me sentia. Até que teve um dia que eu deixei tanto essa sombra me pegar, que tudo estava ficando cinza demais, quase preto. E eu, que adoro crianças, não conseguia mais sentir alegria nem ao ver meu filho. Eu que amo ver o céu, não conseguia mais ver cor nele.

Nesse ponto percebi que precisava de uma mudança urgente, não queria de jeito nenhum continuar a viver daquele jeito. Foi nesse ponto que me dei conta de que a verdadeira mudança chegou. Percebi que cansei de sofrer. Compreendi que era só eu que podia mudar, mais ninguém. Bingo! É aí que está o start, o pulo do gato! Usei toda a minha insatisfação para me mover, para dar o impulso de sair do que parecia uma areia movediça.

Busquei mais e mais conhecimento, cursos, terapias, trabalhei muito em pró de mim mesma, mergulhei fundo em minha essência. Hoje, só posso dizer que valeu muito a pena. Tenho muito que aprender ainda, mas a caminhada eu já comecei, e juro, não paro mais. O melhor de tudo é que as mudanças são permanentes, eu nunca mais fui a mesma pessoa depois disso. Você também ficará muito diferente.

Posso dizer que esse relatado está mais do que assimilado, é a minha verdade, minha crença atual. Talvez o maior aprendizado que tive, foi internalizar a crença de que "tudo que nos acontece é para o nosso bem!" Quando algo não acontece como gostaria, após a frustração inicial, fico em paz, porque sei que mais à frente tudo será esclarecido. Tenha certeza de que hoje o que parece ser a pior coisa da sua vida, lá na frente se mostrará o melhor que poderia ter acontecido.

Cristina foi minha terapeuta durante todo esse período, e me ensinou muito sobre tudo. Sou eternamente grata a ela por tanto aprendizado. Com o tempo nos tornamos amigas e fui convidada a contribuir com este livro, é claro que topei na hora! Sou imensamente grata em colaborar para que mais pessoas saiam do papel de vítimas e assumam o leme da sua própria vida.

Sofri um bocado, principalmente por não ter o conhecimento que tenho hoje, e que vamos compartilhar agora, com você.

Que a nossa história, minha e da Cristina, contribua para que você escreva a sua nova história, muito diferente e com final feliz, porque a felicidade vem de dentro, daquilo que já é e não daquilo que é visto como perdido ao longo do caminho. Você voltará a sorrir em breve. Acredite!

3

# *Aprendendo a lidar com o Divórcio*

*Enquanto você for o que os outros querem que você seja, você não será ninguém.*

## Aceitação, superação e perdão

Quando algo não dá certo em nossa vida, a primeira coisa que temos que fazer é aceitar. Isso mesmo, aceitar. Difícil, não é? Eu sei que isso incomoda. Você deve estar pensando: "Como assim, aceitar? Tenho que aceitar a traição, a sacanagem, o destrato, a falta de consideração, as picuinhas, depois de tudo que ele fez, depois de tudo que eu fiz por ele, eu não vou aceitar nunca!"

É, eu sei, aceitar é extremamente difícil. Bate uma indignação, uma revolta, e logo vem as velhas máximas: por que comigo? Eu não merecia isso! Eu fui uma boa pessoa, fiz tudo certo, não enganei, não menti, etc.

Não sei qual é o seu caso, qual foi o motivo que o levou ao Divórcio. Talvez você até tenha sido o pivô da separação, mas uma coisa eu digo: Aceite!

A não aceitação prende a pessoa à situação, impede-a de seguir em frente, de perdoar. Sim, para seguir em frente, é preciso perdoar, a si e ao outro. Nada que nos acontece é por acaso, tudo tem uma razão de ser, por mais que não saibamos agora.

E digo mais, somos 100% responsáveis por tudo que nos acontece! 100%! Peguei pesado. Mas é a mais pura verdade.

Quando assumimos a responsabilidade pela nossa vida, saímos do vitimismo. É mais fácil colocar a culpa no outro, claro! Mas isso não leva a lugar nenhum. Apenas mantém a pessoa no estado de estagnação, no papel de coitado, que não pode fazer nada para mudar, que precisa apenas se conformar.

Aceitar não é se conformar! Você pode e deve tentar mudar a situação que não o agrada, mas, primeiro, precisa admitir que por algum motivo atraiu a situação indesejada para sua vida.

Questione-se: você gosta de si mesmo? Se valoriza? Qual é a sua crença sobre relacionamentos? Lembra por que iniciou seu relacionamento? Qual era o seu comportamento dentro deste relacionamento? Por acaso existia perfeição de sua parte?

O autoquestionamento traz muitas respostas. Quando nos questionamos, percebemos que o outro não é tão culpado assim, ou pelo menos não é o único responsável pelo resultado final, o fim do relacionamento.

É normal sentir revolta no início, tudo bem! Mas não fique nela por muito tempo, quanto mais cedo simplesmente aceitar, mais rápido suas ideias vão clarear, trará mais entendimento e mais calma para resolver suas questões internas.

Fico muito triste quando vejo alguém na revolta, isso fará com que essa pessoa fique presa na dor por mais tempo.

Aceitar é tão libertador, é meio caminho andado, sai todo o peso, a gente fica leve.

Eu, Kátia, fiquei um bom tempo revoltada, amargurada, mas quando aceitei, tudo começou a se transformar, foi o início de toda a mudança.

Aquela frase "aceita que dói menos" faz todo o sentido.

## Pare de querer entender tudo

Você gosta de entender tudo? É bastante questionador? Eu também gosto!

O fim de um relacionamento traz muitos questionamentos:

- Por que tem de ser assim?
- O que eu fiz de errado?
- Por que você fez isso comigo?
- Por que isso aconteceu?

Sei que questionar é importantíssimo, mas querer saber o porquê de tudo chega a ser loucura. É uma autotortura, principalmente quando queremos entender o comportamento do outro. Se muitas vezes não conseguimos compreender nem nosso próprio comportamento, que dirá o do outro. Ficar ruminando, analisando, relembrando as conversas, as brigas, não resolve nada, pior, prende-o à situação, porque muitas vezes a explicação vem com o tempo, com o amadurecimento, com o acalmar dos sentimentos. No começo tudo está muito intenso, fica difícil enxergar.

Dê tempo ao tempo. Compreenda que nunca vamos entender tudo, não adianta. Sempre terá situações em nossa vida que não vamos entender, às vezes, o entendimento vem tempos depois, às vezes nunca vem, simples assim.

Pessoas questionadoras precisam entender o porquê de tudo. Isso é muito bom, mas precisamos colocar na cabeça que vai sim existir situações que não têm explicação. Nossa visão é limitada, existe muita coisa que foge do nosso entendimento, por isso a aceitação é tão importante.

## Aprenda a ver a vida de forma diferente

Pois é, o fim chegou, foi inevitável. Muitas mudanças estão por vir. Essa é sua chance de aprender a ver a vida de outra forma.

Tudo é uma questão de como enxergamos a situação. Situações desafiadoras tornam a pessoa mais forte. Elas chegam justamente para mudar os paradigmas que criamos, para balançar as estruturas. O divórcio vem e nos derruba, é preciso se levantar e escolher como vai seguir a partir de agora.

Um paradigma bem comum: ver o divórcio como fracasso. Eu mesma detestava a palavra divórcio, sentia vergonha de dizer que era divorciada, achava que as pessoas me veriam como fracassada, porque era assim que eu me via.

Com o tempo, conversando com as pessoas e ao ler o e-book anterior da Cristina, percebi que essa forma de ver o divórcio era um grande equívoco. Percebi quantas pessoas estão casadas e não estão felizes, sequer beijam seu parceiro na boca, não conversam, não riem, mas estão presas ao status de "casado", infelizes, mas não têm coragem de mudar.

Percebi que é preciso muita coragem para se divorciar. Tanto para homens, como para as mulheres. É muito mais fácil e cômodo ficar casado, é o famoso "ruim com ele(a), pior sem ele(a)", viver aquela vidinha medíocre, sem sal, rotineira, sem emoção, sem amor. Pelo menos posso dizer que tenho alguém. Mas esse alguém que dorme ao seu lado não sabe nada sobre você, o que sente, quais são seus verdadeiros anseios. A pessoa mais próxima se torna a mais distante. Quantas vezes me senti assim, acompanhada e sozinha ao mesmo tempo, e quantas pessoas vivem assim por anos e anos.

Hoje me sinto uma mulher com muita coragem, eu não me conformei com um casamento que não me fazia feliz. Mesmo com uma criança de dois meses para cuidar, sentindo medo e muita insegurança, eu enfrentei! Fui atrás da minha felicidade. Mudei a visão sobre mim. De fracassada, passei a ser corajosa e vitoriosa! É isso que eu sou! Posso ver meu filho cada dia mais lindo, alegre, saudável, inteligente, amoroso. Não o crio sozinha, tenho ajuda da minha família, e sou muito grata por isso. Sei que faço a minha parte da melhor forma, sou muito feliz em ser mãe, mesmo diante de todas as dificuldades.

Não estou aqui fazendo apologia para que as pessoas se separem, nada disso! Mas se você já tentou tudo que podia e está mais do que claro que não dá certo, é hora de cada um seguir seu caminho. E, para isso, é preciso muita coragem para recomeçar, é preciso desapegar.

## Mergulho no autoconhecimento

Depois do divórcio, mergulhei fundo no autoconhecimento. Todos os questionamentos que tinha me levaram a querer aprender mais, sobre mim mesma e sobre a vida.

Conhecer a si mesmo é transformador, faça isso por você.

Para vencer, controlar a própria vida, é preciso conhecer suas forças e fraquezas, conhecer seus limites, saber o que quer, o que lhe traz felicidade, como chegou à situação atual. Conheça as suas crenças. O autoconhecimento é imprescindível.

Se deseja um novo relacionamento, precisa se preparar para que dê certo, para que não se repita os mesmos erros de relacionamentos anteriores. Isso só pode acontecer se aprendermos a nos conhecer melhor.

Depois do divórcio, tornei-me muito amargurada por um tempo, fechei meu coração para o amor. Por anos não quis saber de outro homem na minha vida, achava que estava muito bem sozinha. Foi a pior coisa que fiz. Fechar o coração trava toda a sua vida, em todas as áreas. Com o tempo, vamos nos perdendo de nós mesmos, não sabemos mais do que gostamos, o que nos faz feliz, tudo vai ficando sem graça, nos tornamos robôs. O coração é a base de tudo, porque nele reside o amor. Que graça tem a vida sem amor? Quando fechamos o coração, trancamos as portas para o amor, não só no âmbito amoroso, mas em todas as áreas: no trabalho, para os amigos, em questões financeiras, tudo. Nada anda.

Eu me vi assim na época do divórcio, com a vida empacada, nada dava certo, tudo emperrado, trancado. Eu me sentia cada vez pior. Quando abri meu coração novamente, para amar a mim mesma e a vida, tudo se transformou; minha vida voltou a ter cor.

Nunca feche seu coração por ninguém, não importa o que tenha acontecido. Entenda que o coração é seu, o amor é seu. Amor não tem limites, você pode e deve expandi-lo para quem quiser.

Você pode sim amar o seu ex, de alguma forma ele lhe ensinou muito, viveram momentos felizes juntos, ele fez parte da sua vida.

Sua ex o magoou, o relacionamento acabou, mas você ainda a ama. Tudo bem, supere isso. É possível, acredite!

Mas há situações em que é natural amar o fim, pois tudo que se encerra traz algo novo. Todo fim traz um recomeço. Esse fim vai lhe trazer muito aprendizado.

Quando perdoamos, conseguimos chegar a este nível de entendimento, amar o seu passado e todos que fizeram parte dele, amar a si mesmo por tudo que fez e aprendeu. Para amar, o coração precisa estar aberto, curado.

Jamais feche seu coração por nenhum motivo, nem por qualquer pessoa.

## A importância dos sentimentos

*As emoções são como portas de entrada da alma.*

Não aprendemos a lidar com nossos sentimentos. Ninguém nos ensina "como" lidar com as emoções, que são inerentes ao ser humanos desde o nascimento. Ninguém ensina o que fazer quando sentimos raiva, frustração, tristeza, apatia, etc.

Quantos relacionamentos são destruídos porque um ou ambos não sabem lidar com as próprias emoções? Na maioria dos casos, culpamos o outro pelas nossas frustrações, ou descontamos nele nossa insatisfação. Projetamos no casamento, todo nosso descontentamento. Quando percebemos, estamos insatisfeitos com a própria vida, e não com o relacionamento.

Geralmente, buscamos um salvador, um herói que vai nos livrar de todos os problemas. Na prática não é bem assim. Cada um vai ter que lidar com a sua própria vida, o outro é um complemento. Ter um parceiro(a) não vai lhe trazer felicidade, estabilidade ou qualquer outro benefício desse tipo. Estando com alguém ou não, sua vida continua. Seus problemas, medos, a necessidade de se curar, tudo continua. A pessoa que vai estar ao seu lado pode sim lhe apoiar, ouvi-lo, ajudá-lo a ver a vida de outra forma, mas seus problemas é você que vai ter de resolver.

Saber lidar com as emoções é imprescindível para se ter uma vida plena, feliz e para se sentir bem consigo mesmo.

Aprendi a lidar com meus sentimentos com a EFT (*Emotional Freedom Techniques* ou, Técnica de Libertação Emocional), que usa pontos no rosto, um tipo de acupuntura sem agulhas, no qual batemos nos pontos específicos que provocam liberação emocional.

Essa técnica foi imprescindível para meu autoconhecimento e cura. Deu tão certo comigo que me especializei nisso e vou fazer atendimentos usando esse método tão esclarecedor, envolvente e objetivo. O mais legal é que quando acessamos um sentimento, de tristeza, por exemplo, encontramos a raiz daquilo, que geralmente está na nossa infância ou em algum trauma que passamos, algo que alguém disse e internalizamos como verdade.

No início da técnica temos uma determinada intenção, ao praticá-la, lembranças vão surgindo, vozes, pessoas, vamos descortinando nossa própria história, é muito interessante. É possível descobrir muita coisa por meio dos sentimentos. E o melhor de tudo, podemos nos curar.

## A Cura da Criança Interior

Sabia que tem uma criança aí dentro de você? Sim, sua infância já passou, mas esta criança ainda está aí, e comanda boa parte de sua vida. Lembra das coisas que gostava de fazer, que lhe davam prazer? É aí que está a sua essência.

A criança é como uma esponjinha, absorve tudo ao seu redor, desde o comportamento das pessoas, como elas fazem as coisas, no que elas acreditam, até o relacionamento dos pais. Experiências traumáticas, vergonhas passadas, brincadeiras de mal gosto que machucaram, comentários aparentemente inocentes que marcaram, tudo isso vai moldando a criança, grande parte das suas crenças e padrões são criados nessa fase, e a acompanham por toda a vida.

Tenho certeza de que você tem muitas lembranças de infância. Muitas são boas, outras nem tanto. Não existe infância perfeita, todos temos questões não resolvidas dessa fase de nossa vida, é de extrema importância olhar e cuidar dessa parte. A maioria das pessoas não recebeu amor e atenção adequados quando crianças. É comum buscar esse preenchimento fora, principalmente no parceiro.

Picuinhas, birras, chantagem, brigas bobas e sem sentido, são sinais de uma criança não curada, vê-se claramente que é uma atitude infantil. Quando a criança emocional é curada, é possível enxergar esse comportamento em si e nos outros, e assim, lidar com as situações com maturidade e assertividade.

Pare agora e reflita: como foi a sua infância? A lembrança lhe traz sentimentos bons? Você se sentia amada, segura? Como era tratada?

Com a EFT descobri muito sobre mim, e muita coisa vinha da infância. Antes eu lembrava dessa parte de minha vida com certa tristeza. Ao fazer a limpeza emocional, consigo enxergar tudo de forma diferente. Hoje vejo as coisas com alegria, com uma saudade gostosa, são tantas lembranças boas, tanto a agradecer.

Recomendo qualquer técnica de limpeza emocional para fazer este trabalho. Você pode também reconhecer a sua criança interior com atitudes simples. Faça uma vez por semana, ou por mês, algo que gostava quando criança: tomar sorvete, comer algodão doce, pintar, desenhar, escrever, passear no parque, qualquer coisa simples.

Para quem tem filhos isso será ótimo, as crianças vão adorar participar. Lembre-se de como isso lhe trazia alegria, como tudo era mais fácil e sem preocupações. Leve essa sensação para o seu dia a dia. Faça sempre algo divertido, a vida não precisa ser séria só porque somos adultos. Reconecte-se com a sua criança e veja a diferença que fará em sua vida.

## Corte do cordão umbilical com os pais

Ao curar a sua criança interior, automaticamente surgirá a questão dos pais. É preciso perdoá-los por tudo e cortar o cordão. Sim, eu sei que quando nascemos, houve o corte do cordão umbilical físico, mas, e o cordão emocional?

Como é a sua relação com seus pais? Como você os enxerga? Quando criança, temos certa visão dos nossos pais, geralmente eles são perfeitos, não erram, são "super-heróis", querem o nosso bem. Agora, como adulto, qual é sua visão sobre eles? Já parou para pensar que eles são seres humanos comuns como você?

Nossos pais têm grande influência sobre nossa vida, muito mais do que podemos imaginar. Quantos adultos ainda buscam o reconhecimento dos pais, passam a vida toda tentando agradar, ser aceito, ser amado por eles, buscam preencher aquele buraco que nunca foi preenchido, e assim, tornam-se extremamente infelizes e frustrados.

Outros buscam esse reconhecimento no parceiro, sufocando-o com a obrigação de preencher seus buracos emocionais, levando ao desgaste e muitas vezes até ao fim da relação.

Existe também a questão de "lealdade à tribo", à família, é como se a pessoa não pudesse ir além dos seus pais e familiares. Muitas pessoas prosperam mais que seus familiares e sentem culpa nisso, outras até se sabotam e não se permitem crescer.

Este era o meu caso. Eu sentia muita culpa se fosse além deles, era como se os tivesse traindo. Mesmo casada, não me desliguei emocionalmente de minha família, e isso, de certa forma, prejudicou minha relação.

Com o trabalho interior aprendi que devemos sim honrar nossos pais, ser muito gratos a eles, agradecer sempre por terem nos dado nosso maior tesouro: a vida. Se não fosse por eles, não estaríamos aqui. Posso amá-los profundamente e mesmo assim seguir a minha vida, as minhas escolhas. Isso não é errado.

Quando estamos muito ligados emocionalmente a alguém, é como se fosse uma coisa só, como se fossemos parte da pessoa. Com o desligamento emocional é possível seguir sua própria vida, de acordo com o que acha que é certo, independentemente da opinião dos outros. Somos seres únicos e livres, temos o dever de seguir rumo ao crescimento. Nem todos vão entender as suas escolhas, o caminho que você decidiu seguir. Não se incomode com isso, eles não precisam entender, o caminho é seu e não deles.

Não importa como foi ou é a sua relação com seus pais, perdoe-os. Cada um faz o melhor que pode, eles fizeram o melhor que podiam. Quando guardamos muito rancor e magoa nos sentimos impedidos de ver algo bom nas situações. Ao limpar esses sentimentos e perdoar, é possível reconhecer que somos todos falhos, também falhamos como pais, mesmo dando nosso melhor. Estamos todos no mesmo barco, aprendendo o jogo da vida. Não tem porque julgar ou guardar ressentimento das pessoas, principalmente nossos pais, que tem grande importância em nossa vida.

Um exercício simples:

*Pense no que sente ao lembrar-se dos seus pais. Escreva tudo que lhe vier à mente, não se importe com a grafia, apenas escreva. Depois, rasgue ou queime este papel, na intenção de limpeza, de deixar tudo isso para trás.*

Faça isso quantas vezes sentir necessidade, até que se sinta em paz. Esse é um poderoso exercício e pode ser feito para qualquer pessoa que você sinta necessidade de perdoar.

## O papel da mulher na relação

Sempre fui uma mulher independente. Nunca quis casar, ter filhos, muito menos depender de um homem. Meu objetivo era estudar e curtir a vida.

Com o tempo, fui mudando e senti vontade de casar e ter uma família. Mas o sentimento de independência sempre me acompanhou. Hoje, percebo que esse sentimento atrapalhou o meu casamento. As mulheres carregam muitas memórias de sofrimento em relação aos homens: não tinham liberdade, foram desvalorizadas e humilhadas pelo domínio masculino, não tinham poder de decisão. Isso deixou marcas e vai se estendendo de geração em geração. É como se no íntimo, sentíssemos raiva dos homens, seja pela carga que trazemos do passado, ou por ter presenciado algum maltrato no relacionamento dos próprios pais ou parentes, por exemplo.

As mulheres, ao buscar a igualdade com os homens, acabaram perdendo muito. Assumem excesso de responsabilidades e querem competir com eles. Aprendi que é preciso reconhecer o papel de cada um, e nós, mulheres, devemos curar a figura masculina em nós. Todos têm sua devida importância, tanto o homem, quanto a mulher.

Não precisamos competir com os homens, se igualar a eles, não é esse o caminho. É justamente na sutileza, na delicadeza e feminilidade que está seu verdadeiro poder. A mulher, com sua sabedoria, molda o seu relacionamento, edifica a casa. Saber ceder, esperar o momento oportuno, calar, não é fraqueza, é sabedoria, e isso as mulheres tem de sobra, basta saberem usar. Para muitas mulheres, demonstrar o seu lado feminino é ser fraca; acham que os homens não vão respeitá-la se agir assim. Não percebem que é justamente essa a sua fortaleza, o seu maior poder. É o que vai equilibrar a relação.

Cada um tendo a consciência do seu papel na relação, as coisas fluem, um complementa o outro, um reconhece o valor do outro, e ambos crescem.

## Autoconfiança/Autoestima

As adversidades servem para nos fazer crescer; ultrapassá-las fortalece nossa autoestima.

É muito mais cômodo ficar num casamento infeliz. O desconhecido assusta, dá vontade de fugir, não encarar e continuar naquilo que é extremamente desconfortável, mas é conhecido.

É preciso muita coragem para se separar. Ter me separado com um filho de dois meses não foi nada fácil, mas, superar isso, conseguir seguir em frente com dignidade, aprender com meus erros e acertos, fortaleceu muito minha autoestima.

Hoje tenho certeza de que sou capaz de superar qualquer coisa. As situações não me abalam mais. Sinto orgulho de mim e desejo que sinta o mesmo por você.

Jamais pense que fracassou pelo seu relacionamento não ter dado certo. Não se menospreze. Veja quanta coragem foi preciso para enfrentar, sair da zona de conforto para algo desconhecido, algo que não sabia como ia ser, nem no que iria dar. Pense no quanto aprendeu com isso. Saia do drama e olhe para si com amor.

Perceba o quanto ainda tem para viver, para construir, para criar. Talvez uma nova família, se esse for seu desejo. Mas, seja lá o que for, você é livre para criar o que desejar em sua vida.

Ame-se!

## Impermanência

A vida dá muitas voltas. Hoje a pessoa que dormia ao seu lado todos os dias pode ter se tornado um estranho, um inimigo até. Após o divórcio, sua rotina pode estar completamente diferente do que era quando estavam juntos. Aquela pessoa que você achava que não poderia viver sem, não faz mais parte do seu dia a dia.

Dependendo de quanto tempo está separado, talvez você olhe para essa pessoa e não sinta mais nada, talvez ela tenha virado um estranho, sendo que ontem, ele era seu companheiro do dia a dia.

Talvez você esteja morando numa casa diferente, num lugar diferente após a separação. Quanta coisa mudou!

Isso nos faz enxergar a impermanência da vida. Nada é para sempre. A vida está em constante movimento, mudanças, ciclos. Seja bom ou ruim, o que estamos vivendo vai passar; fica apenas o aprendizado. Não há motivo para fazer dramas, não se condene, é a vida, simplesmente acontecendo como ela é! Nada é estático. Nada é rígido.

Sendo assim, podemos praticar o desapego; de pessoas, coisas, trabalho, e apenas viver, valorizar o momento. Se ele é bom, aproveite, curta ao máximo, viva em sua intensidade, pois vai passar. Se o momento é de dor, aceite, perdoe, supere, confie, pois também vai passar.

Para que se apegar tanto ao sofrimento? Ao que passou? Não vale a pena, o segredo é caminhar de acordo com as leis da vida, aceitar que tudo tem um motivo, que nada é em vão, a mudança é constante, não tem como escapar.

Se tudo fosse sempre igual, qual seria a graça de viver?

# 4

# Divórcio como uma Decisão de Alma

*O segredo de um relacionamento feliz não é o amor, muitos se amam e se separam. Muitos se amam e se destroem.*
*O segredo é que cada um possa ter sua própria individualidade, sua liberdade, sua independência.*
*Você não deve colocar sua felicidade nas mãos de alguém, mas sim compartilhar a alegria de ter esse alguém em sua vida e ser feliz.*

Aurilene Damaceno

Estamos nesta vida para aprender. Relacionar-se faz parte deste aprendizado. Para atingir e manter a habilidade de lidar com o próximo, nada melhor do que o encontro que temos com as pessoas diariamente.

Quando se trata de um casamento ou uma união estável, tudo fica diferente. A convivência se torna "obrigatóriamente" diária, os afazeres e responsabilidades entram no meio do relacionamento, o que não existe na forma como nos relacionamos com outras pessoas.

Muitos lidam com o relacionamento de forma mecânica, sem conseguir vislumbrar exatamente o que aquilo deveria significar para o progresso pessoal.

Com o tempo, o Eu de cada um fica esquecido e abre caminho para que o Eu do outro tome mais espaço do que deveria. Por uma série de medos, inseguranças e crenças que adquiriu durante sua infância, a pessoa passa a perder o seu poder; passa a se sentir infeliz. Muitas vezes isso inclui submissão ao outro, geralmente ao que se mostra mais poderoso, e quando um se submete ao outro, passam a se relacionar da maneira errada. Perde-se o respeito, o carinho e o companheirismo. De amigos passam a inimigos. De homem e mulher passam a ter papéis inadequados como o papel de pai da mulher, mãe do marido, filha do marido, filho da mulher.

Papéis que fazem o casamento perder o sentido totalmente, dando lugar a um sentimento de vazio, frustração e uma grande solidão. Esse é o mais comum dos casos. Muita gente vive um relacionamento assim. Até que um dia, um dos parceiros começa a se autodesenvolver.

Quando somente um dos parceiros percebe todos esses erros e crenças criadas no próprio passado e no passado do outro, começa então a criar uma rota de saída. É comum, nesses casos, acontecer um crescimento pessoal muito grande, o que tornará a sua vida mais fácil. Chega uma hora que este parceiro começa a enxergar o outro como alguém que também deveria mudar. Mas quando o parceiro não vê dessa forma, é aí que começam os conflitos.

E o que acontece quando um progride e o outro se recusa a perceber que também deveria mudar?

É preciso ter consciência de que podemos ir somente até certo ponto. Devemos tentar ajudar à medida que seu parceiro queira essa ajuda e enxergue que fazer mudanças fará bem para ambas as partes. Quando isso não acontece, o ideal é que você não insista.

O divórcio é uma solução nesses casos?

Acredito que sim! Quando o casal se torna, com o passar do tempo, muito diferente, suas ideias sobre o mundo atual não batem, principalmente quando um parceiro vislumbra um futuro muito diferente daquele que o outro vê. Nesse caso, todos os seus esforços serão sempre em vão, pois quando um não quer, não adianta forçar a barra!

Quando sua alma percebe que algo não vai bem, você já tentou de tudo e nada funciona, chega a hora de se despedir e seguir. Foi o que fizemos.

5

# Desistindo

*Depois de passar pela escuridão, você descobre que a luz não está no fim do túnel, a luz está em você!*

VOCÊ SE DIVORCIOU ou está em vias de se divorciar, isso já é um fato. Não existe mais volta. Tudo chegou ao fim.

Fim?

Bem, a primeira coisa que é preciso se dar conta neste momento é que SIM, o fim chegou. Partindo desse princípio, de agora em diante vamos lhe ensinar a dar os passos certos para se libertar.

Quando falamos de libertação, queremos dizer desatravancar tudo que está atrapalhando a sua vida: o sentimento de solidão ou insegurança, os afazeres duplicados, a vida financeira que ficou mais difícil, o sentimento de fracasso, as pessoas que ficam ao seu redor dando opiniões, se metendo, tentando ajudar ou mesmo atrapalhar sua vida, as atividades extras, a falta de tempo e organização na sua nova rotina, etc.

Inadvertidamente pessoas divorciadas voltam para a casa dos pais, ou podem assumir uma condição financeira da qual fica difícil sustentar. Muitas vezes as mulheres assumem a casa, os filhos e trabalhos externos. Mas pode não ser assim tão fácil para os homens também. Muitos acabam não tendo onde morar por terem deixado a casa para a mulher e filhos (não foi o meu caso), alguns se arriscam a morar sozinhos ou com amigos, mas uma grande parte volta para casa dos pais. Isso não implica que suas responsabilidades, caso tenham filhos, acabem por aí.

Para entender tudo isso, é primordial que entenda como seu relacionamento chegou no ponto que chegou. Este passo é importantíssimo para você se libertar e seguir seu caminho. Mas isso tem de ser feito de uma maneira totalmente diferente!

Para se libertar, é preciso olhar e se responsabilizar por SUA parte em tudo o que não deu certo!

*Assuma agora sua parte no que não deu certo!*

Vamos explicar melhor e dar alguns possíveis exemplos de como tudo aconteceu ou como tudo chegou a esse ponto.

*Uma relação amorosa é feita de duas pessoas, portanto, cada um é responsável por 50% de tudo que deu certo ou errado no relacionamento.*

Isso mesmo!!!

Vamos entender melhor: se houve traição, é porque o outro foi buscar fora o que não tinha dentro. Já parou para pensar nisso? Já parou para pensar que quando alguém está satisfeito não buscará algo fora pelo simples fato de não precisar?

Pegando este exemplo de traição, é comum a pessoa que foi buscar algo fora ter se desencantado com o que tinha dentro de casa. No caso dos homens, que são muito visuais e extremamente sexuais, o que mais "pega" é que depois de um tempo a mulher se distancia, ou para de se enfeitar, se arrumar, para de ficar sexualmente apetitosa e disponível para o homem. Quando chegam os filhos, esta realidade piora bastante, porque a mulher geralmente engorda, fica insatisfeita consigo mesma e acaba voltando toda a sua atenção ao filho; muitas vezes esquecendo do marido. É comum esta situação perdurar por meses ou até anos.

É comum também a mulher começar a usar roupas que não se encaixam mais ao modelo visual do homem, eles gostam de ver uma mulher pronta, arrumada, perfumada.

Problemas externos como falta de dinheiro, mudanças, doenças de pessoas próximas, contribuem ainda mais para este afastamento. Geralmente a pessoa não se dá conta, porque toda a atenção fica voltada para outras questões ou algo que não seja o relacionamento. É como se o outro não precisasse mais de atenção.

- Para as mulheres: se o seu parceiro lhe deixou é porque por um motivo o outro, você deixou de alimentar este romance.
- Para os homens: vocês deixam muito a desejar quando não prestam atenção as necessidades emocionais das mulheres e só cobram, sem regarem a plantinha.

Paramos de alimentar o romance quando paramos de prestar atenção, de elogiar e passamos a cobrar sem apresentar uma possível solução ou possibilidade em forma de sugestão. A partir daí, os dois vão se distanciando até o momento em que o casal passa a conviver somente com críticas, cobranças, desentendimentos e frustrações.

Piora quando um dos dois começa a jogar o seu próprio caminhão de lixo no outro. Um joga no outro as frustrações, os medos, as cobranças em vez de aprenderem a observar e consertar as coisas.

Se o seu relacionamento não deu certo, é importante que se responsabilize pela sua parte. Talvez você não tenha dado tanta importância ao seu parceiro, ou talvez tenha vivenciado o tempo em que estiveram juntos cheios de expectativas irreais, achando que o outro tinha que resolver tudo. Este é um exemplo bem comum pelo qual os relacionamentos fracassam.

Quando um joga sua expectativa no outro, vai se frustrar na certa, porque a expectativa é sua e não dele(a). É você quem quer, não o outro. Sem expectativas, sem decepções.

Geralmente, com o tempo, acontece de um esperar algo do outro sem se comunicarem adequadamente a respeito. Isso também leva ao fracasso do relacionamento. Além de muitos outros motivos.

Vejamos agora uma dica preciosa rumo à sua libertação.

*Desista de ganhar poder sobre o seu ex a respeito de tudo o que aconteceu para que o seu relacionamento chegasse ao final. Desista de ganhar do seu ex.*

Esta dica é essencial. É muito importante que entenda de uma vez por todas que precisa parar de querer provar a qualquer custo o que aconteceu. Desista de querer ganhar, de competir para saber quem estava certo ou errado. Desista de se fazer de coitada ou coitado perante as pessoas que vocês conhecem. É imprescindível desistir de tudo isso para que sua vida, sua energia, seus pensamentos não fiquem presos a esse episódio.

*Todas as escolhas têm perdas. Quem não estiver preparado para perder o irrelevante, não estará apto para conquistar o fundamental.*

Bárbara Coré

Se você não desistir dessa ideia de "ganhar" do seu ex não estará preparado para seguir em frente. Desistir nesse caso significa assumir sua parte e seguir para o próximo passo. Leve somente 50% de tudo o que deu certo e de tudo o que deu errado. Não carregue os 50% do outro nas costas. Desista, deixando ele ou ela levar o tempo que for necessário para que entenda o que aconteceu. Não tente controlar o outro, nem decidir como ele vai agir perante o que aconteceu. Solte o controle de tudo isso.

Tome a decisão de desistir de consertar o que aconteceu. Faça isso agora! Talvez o outro lado leve ainda muitos anos para fazer o mesmo, ou nunca faça. Siga sem precisar disso.

Terminar assim significa seguir sem querer consertar nada e não ter a intenção de sair com a bandeira do bonzinho ou boazinha da história.

Imagine sua história como um romance que está no último capítulo. Talvez você saia, nesse desfecho, como o bandido da história. Na verdade, cada pessoa que souber da história de vocês terá uma opinião a respeito. É provável que amigos e parentes vão preferir acreditar na versão dada pelos seus. De verdade? Isso não importa. Desapegue e siga.

Em sua história pessoal, vai existir muitos capítulos em que você perderá. A vida é assim. Nem sempre vamos ganhar. O importante é entender o que aconteceu e se aprimorar, quando tentamos consertar o que já passou ficamos presos e frustrados. Pessoas emocionalmente bem resolvidas seguem em frente sabendo que o passado deve ser um grande professor, ao invés de um grande carrasco, sem se importar com a opinião dos outros sobre suas decisões.

6

# Assuma o papel certo

*Todo dia é uma nova oportunidade de não deixar o medo ser maior que a coragem, a fraqueza maior que a vontade, o desânimo maior que as boas energias.*

## A nova identidade perante a sociedade

Esse passo será também essencial em sua vida. É preciso decidir, assumir um papel correto como uma pessoa divorciada. Assumindo o papel errado, estará condenado por muito tempo a essa condição. É muito comum as pessoas se divorciarem e assumirem papéis que fazem delas presas de tudo o que aconteceu.

Como então assumir uma nova identidade, um novo papel? É preciso entender, antes de tudo, que os papéis que assumimos na vida são importantes, é a forma como nos colocamos na vida e nos apresentamos ao mundo. Fazer o papel de vítima exige uma postura específica, muito diferente do papel de uma pessoa independente. Aprendemos a nos colocar em determinados seguimentos da vida de forma automática, muitos desses papéis são copiados, agimos da forma que aprendemos e nem pensamos a respeito disso.

O divórcio quando malconduzido nos leva a tomar certas atitudes e a assumir determinados papéis sem que ao menos pensemos muito a respeito. A reflexão que fica de tudo isso, é que é importante fazer uma escolha para a sua vida. É como assumir uma nova identidade.

Fora a identidade óbvia de novo divorciado do mercado, é preciso escolher ser um divorciado bem-sucedido, feliz, próspero e bem resolvido!

Com o divórcio, as pessoas estão acostumadas a receber junto uma identidade preestabelecida pela sociedade, que é pesada e totalmente inadequada. É como se as pessoas recebessem um carimbo que as definissem a partir daquele momento.

Essa definição que as pessoas estão acostumadas a dar aos novos divorciados, na maioria das vezes é triste e condenatória.

Veja algumas identidades para serem assumidas após o seu divórcio que serve para ambos os lados:

***Identidade inadequada da pessoa divorciada:***

- Se sentir fracassado, sem esperanças. (Papel de coitado).
- Depender do ex e de tudo o que vir dele ou dela: quando você passa a acreditar na ideia de que sua vida só poderá funcionar se o outro cooperar emocionalmente ou financeiramente, se houver ajuda com as crianças, com coisas do dia a dia, enfim, com tudo. (Papel de vítima).
- Se sentir como se a sua vida tivesse acabado depois do divórcio, como se as chances de ser feliz novamente não existissem e ninguém mais fosse lhe querer. Mulheres com filhos pequenos costumam pensar isso depois do divórcio. (Papel do condenado).
- Deixar a tristeza tomar conta. Pai sozinho, mãe sozinha. Não conseguem ver as oportunidades da vida. (Papel de desiludido).

***Identidade adequada e poderosa da pessoa divorciada:***

- Independente emocional e financeiramente do ex.
- Feliz e bem consigo mesmo.
- Bem resolvida(o) na sua vida profissional sem precisar que alguém resolva as suas pendências.

- Profundamente grata(o) por todas as experiências que passou, inclusive por tudo de positivo que aprendeu com o seu ex.
- Essa pessoa assume que não seria quem é hoje sem a preciosa ajuda do ex. Do lado positivo, ela entende e sente gratidão por tudo que aquele relacionamento lhe proporcionou (filhos, experiências vividas, etc.). Do lado negativo, entende com os exemplos do que NÃO fazer. O aprendizado serve para a vida e principalmente para um novo relacionamento.

Se você não fizer a escolha de assumir a identidade correta, vai fracassar na sua nova vida. É preciso escolher esta identidade com muita consciência. Tire um tempinho para pensar nisso antes de continuar, essa etapa é importantíssima.

Assumir a identidade correta significa, além de tudo, assumir sua vida, entender que se hoje não tem o que gostaria de ter é porque ainda não fez o necessário para isso acontecer. Não é culpa de ninguém.

Desista de dizer a si mesmo e aos outros que sua vida não anda porque o outro não deixou ou não está contribuindo. Hoje você pode começar a fazer sua vida andar, não permita que ninguém lhe atrapalhe. Se este era o seu diálogo interno, mude-o agora. Desista de esperar, comece a assumir o que deseja na sua vida. É um grande engano acharmos que precisamos que os outros façam qualquer coisa por nós. Entenda que é muito mais simples usar uma desculpa e dizer a si mesmo e ao mundo que não consegue se amparar, usando, como muleta, uma série de motivos (idade, falta de tempo, dinheiro, crise etc.).

> *Treine enquanto eles dormem, estude enquanto eles se divertem, persista enquanto eles descansam, e então, viva o que eles sonham.*
>
> Provérbio Japonês

É preciso fazer acontecer tudo aquilo que deseja, não importa onde esteja, que afazeres tem todos os dias ou em que estágio da sua vida está.

A receita é bem simples: construa aquilo que quer ter em sua vida com as próprias mãos. Siga esta receita e certamente chegará lá. Assuma o que deseja que aconteça em sua vida!

Sozinha, a pessoa poderá chegar onde quiser e não perderá tempo esperando que alguém coopere com ela, não ficará esperando que alguém faça algo para que o que deseja aconteça.

Sozinho ou sozinha, neste caso, remete ao sentimento de desistir, de esperar pela cooperação seja de quem for. Mas não estamos dizendo para negar uma ajuda bem-vinda e de coração. Só queremos que compreenda que desistir de esperar vai facilitar muito a sua vida.

Quando algo já passou, vira memória, e o passado não volta. Desista de querer consertar tudo, ou mesmo de provar que algo que aconteceu não "foi bem assim". Com aquilo que já passou podemos ter uma única postura: devemos olhar e assumir a nossa parte, porque sempre temos algo a ver com aquilo que nos aconteceu. Depois, devemos seguir com a única coisa que pode mudar o nosso futuro: nossa nova atitude.

É perda de tempo e energia ficar ressentindo. Ressentir significa sentir várias vezes, se o que aconteceu foi ruim, já passou. Construa algo diferente agora e mude o significado do passado, permitindo-se um novo começo. Seu novo passado começa agora, a partir desse novo significado.

> *Este deve ser o seu lema a partir de hoje: Eu não sou o que me aconteceu; eu sou agora, o que decido me tornar.*
>
> C. G. Jung

Desista de ser um divorciado ou divorciada triste, infeliz, abandonado, solitário. Reconstrua sua vida.

## E qual é o primeiro passo?

É preciso DESISTIR de continuar fazendo tudo da mesma forma. Em outras palavras, é necessário se prontificar imediatamente a fazer diferente, hoje, agora!

Decidir "ir" em direção ao seu objetivo começa a modificar o seu caminho. Vou dar um exemplo bem prático: a pessoa se olha no espelho e detesta sua gordurinha ao lado, mas vai até a cozinha e toma o seu café da manhã como faz todos os dias. Atitudes iguais, resultados iguais.

A mudança tem que partir de você. Ao desistir de continuar fazendo tudo igual, certamente o resultado será diferente. Comer menos, ter equilíbrio na alimentação, agora, sem aquela desculpa de começar depois da festa no sábado, fará com que você fique mais saudável, mais esbelta. Decidir assumir o papel de uma pessoa elegante vai mudar o significado que está dando para si mesmo, vai fazer com que você pare de se desprezar e passe a prestar atenção em suas novas escolhas alimentares.

*Quem quer mudar simplesmente MUDA, simples assim!!!*

Ao tomar essa decisão, ninguém vai segurá-lo, pois isso será feito para si mesmo, não pelos outros. Se tiver que estudar para algo, por exemplo, arrume tempo, nem que seja de madrugada.

Portanto, basta decidir que quer algo na sua vida. Que não vai passar mais um dia sem o que deseja.

Qual vai ser a sua decisão? Tomar o caminho do seu sonho ou continuar se lamentando?

7

# Ex é para sempre!

*Ainda que o seu passado tenha marcas, seu futuro está intacto e só depende das escolhas que você fará hoje!*

Isso mesmo, seu passado, a família e os amigos do seu ex, são para sempre. Principalmente se tiverem filhos. A esta altura, espero que já tenha desistido de achar que o outro é o grande culpado e você a grande vítima da situação. Caso se sinta assim ainda, volte ao começo do livro e leia tudo novamente, com bastante atenção; é importante que entenda isso.

Aceite com bastante respeito que seu ex e a família dele não terão a mesma visão que você está tendo. No papel de "observador e entendedor" de tudo o que aconteceu, é preciso dar crédito a eles e parar de querer competir, provar qualquer coisa ou medir forças. Aceite o fato de que eles ainda não entendem (talvez nunca entendam). Quando compreendemos que alguém ainda não sabe algo, devemos também compreender que não devemos julgar e nem ter nenhuma expectativa a respeito de quando isso vai acontecer. Esta pessoa somente não aprendeu – AINDA.

Que direito temos nós de julgar alguém por não ter aprendido determinada lição?

Seu ex é seu ex, e você é você! Pare de comparar. Não importa mais. O que importa de agora em diante é a paz. Pare de querer provar que está certo em relação a tudo. Ou de competir em cada passo de suas vidas. Pare de querer qualquer coisa que venha da parte do outro. Repito: se vier de coração, aceite e sinta gratidão. Se não vier de coração, deixe para lá e vá atrás daquilo que precisa. Vou dar alguns exemplos:

Se seu ex ou sua sogra ajudam de coração a cuidar das crianças, aceite e sinta gratidão por isso. Mas, se é sempre difícil obter esta ajuda, pare de cobrar deles e encontre outra maneira, arrume outra pessoa para cuidar das crianças.

Lembre-se de parar de fazer o papel de vítima. Se não tem o dinheiro para pagar alguém para ficar com as crianças, encontre outra solução, peça a uma amiga ou amigo que ajude em alguns momentos, troquem serviços, favores, etc.

*Se eu não encontrar um caminho, faço um!*

Entenda que, se o seu ex e a família dele estiverem atrapalhando, para isso acabar, basta você parar de precisar deles sempre, em qualquer situação, em todos os sentidos. Simples assim. Apenas seja maduro o suficiente para não colocar as crianças no meio de tudo isso. Não repita o que outro faz por causa da falta de consciência que ele ou ela tem. Se eles usam as crianças, não faça o mesmo. Se falam mal de você para as crianças, não faça o mesmo. Se trapaceiam, simplesmente finja que isso não está acontecendo, mantenha sua sanidade e continue. Quem dá o troco é ainda uma pessoa emocionalmente desestruturada. Escolha outro papel. Pessoas bem-sucedidas não fazem barraco, não fazem birra, não se rebaixam, não revidam.

Vou dar um exemplo que eu mesma vivi e vejo que é muito comum: eu, Cristina, tenho três filhos. Na época que me divorciei e morava nos Estados Unidos, meu filho caçula tinha seis anos. Lembro-me de que, por diversas vezes, aconteceu de eu ter comprado alguma roupinha para ele, vesti-lo com a roupa nova, mas quando ele voltava, estava com uma roupa velha, sendo que a nova nunca mais aparecia. Isso acontecia sempre, não foi uma única vez. Quando me dei conta de que a roupa não voltava DECIDI que isso não me faria mais ficar chateada, e muito menos que cobraria meu filho para se lembrar disso (lembre-se, os adultos somos nós!). Sabe o que passei a fazer? Comprava duas iguais quando eu podia. Nunca me lamentei por isso, mesmo tendo o meu dinheiro contado muitas vezes. Pelo contrário: eu me sentia forte e vitoriosa por poder comprar duas peças de roupas iguais. Claro, eu comprava nas promoções, mais baratinho. Não importa, eu simplesmente não deixei esse tipo de coisa me atrapalhar emocionalmente e muito menos as crianças. Eu decidi assumir o papel de uma mulher bem resolvida emocionalmente. Fiz e deu certo!

E não ache você que a minha vida depois de divorciada foi fácil no começo. Eu cheguei a ter quatro empregos ao mesmo tempo (terapeuta, babá, faxineira e vendedora). Eu enviava ao Brasil algumas coisas para vender: comprava, embalava, despachava e ganhava comissões por isso). Tudo para poder juntar dinheiro para pagar minhas contas e comprar os móveis da minha casa (já que eu que decidi sair de casa levando somente roupas, livros e objetos pessoais). Levei um ano para conseguir comprar tudo, a maioria usado. Dormi por exatos dez meses em um colchão no chão. Não foi fácil, mas, a cada coisa que conquistava, eu me sentia a pessoa mais vitoriosa do mundo.

Sim, eu saí de casa levando somente minhas coisas pessoais (veja na foto a seguir). Resolvi deixar para ele todo o resto, porque percebi que seria mais fácil assim. Resolvi não entrar em nenhuma briga para decidir de quem seria cada coisa. Inclusive, assinei um documento abrindo mão da minha parte em todos os bens (que não eram poucos). Sabe por quê? Porque eu ENTENDI que podia fazer o que desejasse a partir de mim.

Essa foi a lição mais profunda que aprendi e que garantiu a minha grande transformação!

Esse foi o dia da minha mudança. No mesmo dia, aproveitando o caminhão, consegui comprar um sofá. Na mesma semana consegui comprar beliches, colchão, travesseiros, toalhas, lençóis e coisas básicas para meus filhos. Além das cortinas, lâmpadas, vassoura e alguns utensílios para a cozinha. A minha sorte é que nos Estados Unidos as casas são alugadas já com os eletrodomésticos principais e armários. Todo o resto fui comprando ao longo do ano. A prioridade eram as coisas para os meninos, claro. Sabe qual era meu grande desafio? Carregar e montar tudo o que eu comprava, hoje, já entendo bastante de chave de fenda (já que eu pedi ajuda por algumas vezes e não obtive, então decidi aprender o que era preciso, não era possível pagar alguém para fazer e eu não tinha mais ninguém com quem contar).

*Dia da mudança*

Sobre o meu ex e meu casamento tenho uma declaração a fazer! Fui bastante feliz, erámos um casal muito competente em vários quesitos, tivemos filhos lindos, o casamento e ele me proporcionaram muitos momentos felizes, alegres, que guardarei para o resto da minha vida. Tudo que foi vivido valeu muito a pena. Sou a pessoa que hoje sou, porque meu passado foi assim. Como todo casamento, tivemos altos e baixos.

O amor acabou e passei a sentir que ele era apenas como um irmão em termos de relacionamento. Claro, teve muitas pisadas de bola pelo caminho, de ambos. As coisas entre a gente foram esfriando e já não olhávamos na mesma direção. Nossas personalidades e sonhos eram bastante diferentes também. Enfim, foi eterno e lindo enquanto durou. Sabe o que eu fiz com as partes ruins? Aprendi um bocado com tudo e assumi os 50% do que não deu certo. Ele continua sendo uma pessoa fantástica. Eu o admiro e me sinto grata por ver em meus filhos uma parte dele.

*Meu quarto por quase um ano*

Dormi neste colchão por quase um ano até conseguir comprar minha cama do jeito que eu desejava! E consegui! Repare que na parede não tinha quadros, tinha somente gravuras de fotos. Eu olhava para essas gravuras e acreditava que em breve minha vida estaria muito estruturada, como nas fotos. Depois comprei a minha cama e móveis.

*Primeiro quarto pós divórcio*

Eu consegui porque decidi que conseguiria. Assumi o COMO fazer para conseguir. Entendi que precisaria fazer tudo por mim mesma em vez de esperar por alguém que cooperasse. Não foi simples e nem fácil, também não foi tão rápido como eu desejava, mas consegui vencer. Eu consegui!

8

# A família do ex, amigos do ex, ex vida

*Aprenda que a dor quer apenas te levar ao caminho do Amor.*

Katia Oliveira

ESSA PARTE NÃO É nem um pouco fácil e muito menos simples. Pode ser que as pessoas de um dia para o outro finjam que você não significou nada para elas. Pode ser que amigos virem desconhecidos e até passem por você na rua fingindo que não o viu. Convites para algumas festas podem não chegar, pelo simples fato de você estar sem companhia. Pode acontecer até mesmo de ser excluído das redes sociais de algumas pessoas. Isso tudo aconteceu com a gente e pode acontecer com você. Não se chateie por isso. Simplesmente entenda que as pessoas fazem isso por diversos motivos:

- Pressão do seu ex.
- Falta de personalidade e força para manter a própria opinião (comum no caso das mulheres de alguns amigos).
- Medo de serem excluídas por escolherem o lado mais "fraco".
- Falta de consciência e sabedoria para observar a situação e tirar a própria conclusão, ao invés de aceitar um fato "mastigado por alguém".
- Falta de noção, dificuldade em parar para pensar sobre o assunto.

Bem, o fato é que as coisas vão mesmo mudar, e você precisa ficar o mais neutro possível. Não traga nada para o lado pessoal. Aceite respeitosamente a opinião e opção escolhida pelos outros e dê tempo ao tempo para que as coisas se encaixem em seus devidos lugares. Não viva da expectativa de que outras pessoas "acordem" ou mudem de opinião. Respeite as escolhas dessas pessoas e entenda que algumas delas não permanecerão mais na sua vida. Siga o lema "foi bom enquanto durou". Guarde no coração as lembranças boas e siga em frente. Não existe mais nada a fazer. E nem perca tempo com tudo isso.

A partir de agora, pessoas novas vão entrar na sua vida, que será totalmente diferente de tudo que já viveu. Abra seu coração para que novas amizades aconteçam e entenda que cada pessoa tem o seu tempo. Não julgue para não ser julgado!

Entenda, você não terá a mesma vida de antes, e isso não precisa ser ruim. Será somente diferente.

*Faça da sua nova situação, seu trampolim,*
*ao invés de sua âncora!*

Divórcio é uma mudança grande de vida, sua vida não será mais igual. Tudo será diferente. Pessoas irão perguntar sobre o que aconteceu e como você está. Quando isso acontecer, a melhor resposta que poderá dar é que decidiram não ficar mais juntos. Não se sinta na obrigação de explicar o que aconteceu, nem deve. Para aqueles que insistirem diga com educação e delicadeza que não quer falar sobre isso e complete agradecendo por perguntar. Diga que está bem. Aprenda a se colocar e a dizer não.

Não adianta dizer às pessoas como se sente se for o caso de ainda não estar resolvido quanto aos seus sentimentos. Ninguém irá mudar nada por você, portando, evite. Se precisar desabafar com alguém, procure um terapeuta. Resolva-se e não caia na tentação de querer vender sua história para alguém consertar ou ter dó de você.

# 9

# *Uma nova vida*

*Não adianta olhar para trás, se não é para lá que você está indo!*

Agora que já entendeu o que precisa fazer para não ficar ancorado numa situação pesada, que não deve fazer mais parte do seu dia a dia, tudo que aconteceu servirá somente como grande incentivador do seu novo eu. Para isso, é preciso entender algo essencial:

Assuma o "como" de tudo o que deseja criar na sua vida.

- Como agir;
- Como criar resultados que precisa;
- Como resolver suas pendências, etc.

Entenda que não é um milagre, mas, sim, um processo, como se fosse a construção de uma casa.

Para que isso aconteça de forma serena, é preciso se dar conta de que é necessário tempo. Cuidado para não ficar louco de raiva ou frustrado, porque tudo o que você quer não acontece no tempo que gostaria. É preciso plantar as suas sementes, além de regá-las todos os dias, e ter paciência, muita paciência, até chegar o tempo da colheita.

*Quando um pássaro está vivo, ele come as formigas, mas quando o pássaro morre, são as formigas que o comem. Tempo e circunstâncias podem mudar a qualquer minuto. Por isso, não desvalorize nada a sua volta. Você pode ter poder hoje, mas, lembre-se: o tempo é muito mais poderoso que qualquer um de nós! Saiba que uma árvore faz um milhão de fósforos, mas basta um fósforo para queimar milhões de árvores. Portanto, seja bom! Faça o bem!*

Tenha cuidado com tudo aquilo que planta. Assumir o que deve fazer e o que precisará aprender para conseguir o que deseja, irá determinar a sua colheita.

Repito, não é um milagre, é uma fórmula que funciona!

# 10

# Atos simbólicos para virar a página

*Ninguém pode convencer ninguém a mudar. Os portões da mudança só podem ser abertos de dentro para fora.*

Stephen Covey

VOCÊ SE DIVORCIOU ou se separou e está tendo dificuldade de se acostumar com o novo status?

Bem, parte deste processo é natural e deve ser vivido. Mas há alguns limites. Quanto mais tempo você passou com alguém, maior será a dificuldade de enfrentar este processo. Será difícil, porém, necessário!

Viver o luto da relação é importante, mas chega uma hora que a pessoa se dá conta de que cansou de sofrer, não importa se de saudades ou de raiva, ou ainda, de pena. Aliás, saudade é o amor que fica. O que foi vivido de bom deve ficar guardado no coração como uma experiência boa, não como algo impedidor. Isso não significa que você deve ficar amargurado o tempo todo, ficando triste e sem ânimo para nada. Seguir em frente é preciso!

Alguns rituais são importantes para que declare a si mesmo e ao mundo sua nova fase, eis alguns:

- Mude a decoração de sua casa, coloque o seu toque pessoal. Vale mudar os móveis de lugar, a cor da parede, etc. Isso vai ajudar a lembrar de que tudo mudou e que você está aberto para o novo.

- De preferência, troque suas roupas de cama, toalhas e objetos muito pessoais por novos.
- Aos poucos vá se desfazendo do que era do outro. Se puder devolva ou doe.

Se tiver filhos, tome muito cuidado para que eles não vejam estes atos como a destruição das lembranças de quem eles amam. Deixe suas crianças manterem o que desejam. Não diga que está querendo se livrar das lembranças, fale somente que está renovando a casa. Não fale mal do ex, não traga nenhuma ideia repugnante que poderá influenciar as crianças. Por mais que sinta isso, tente se controlar. Traga a novidade da mudança como algo bom e positivo. Faça da situação algo divertido para todos.

O ideal mesmo seria se conseguisse mudar de casa. Tudo isso fará um bem danado. Renovar é preciso. O mundo roda e a fila anda!

O amor do outro não se perde mais do que já foi perdido. Repetindo: "guarde as lembranças emocionais boas e descarte o que não foi bom". Com isso, sua vida vai andar muito melhor, garanto!

# 11

# Um pouco mais sobre o novo papel assumido

*Um dos maiores desafios na vida é ser você mesmo em um mundo que está tentando fazer você ser como todos os outros.*

Reinaldo Müller

QUAL ESTRADA É MELHOR seguir após um divórcio?

Bem, existem duas opções em relação ao papel de divorciado que podemos assumir. E acredite, existem vários papéis possíveis!

Muita gente não se dá conta quando resolve se divorciar, de que, sem querer, acaba assumindo um papel perante toda sociedade; principalmente para os amigos. Mas que papel é este? E por que isso tem importância?

É aquela velha história, existe certa curiosidade natural do porquê se divorciaram e de como cada um está. Isso sempre vai acontecer!

Você pode escolher contar a sua versão triste da história, se lamentando, contando o quanto é vítima e tudo mais, ou pode escolher (assumindo antes para si mesmo) que está indo cada dia melhor, que tal?

Vamos descrever sobre alguns papéis que algumas pessoas assumem, e as soluções para cada caso. Fique atento!

- A VÍTIMA: um casamento e um divórcio é feito de duas pessoas. Portanto, pense muito bem a respeito antes de assumir o papel de coitadinho. A melhor pedida é você somente dizer algo breve e neutro, já que ninguém vai assumir suas emoções. Algumas frases como: "éramos diferentes, resolvemos seguir separados" ou "não deu certo, decidimos seguir cada um o seu caminho", é muitas vezes a melhor forma de assumir o seu novo papel para os outros. A vítima carrega um peso enorme e o pior é que não resolve nada.

- O DEPENDENTE: este é de longe o papel mais comum, assumido principalmente por mulheres. Quando alguém assume este papel, está declarando a si mesmo que a sua vida agora depende de tudo o que o outro fizer ou não para você. É assim que quer viver o resto de sua vida? Onde está o seu poder? Se decidir que vai mostrar a si mesmo o seu poder e caminhar de vento em polpa, com certeza sua vida vai melhorar muito. Mas, se assumir o papel de dependente, infelizmente sua vida vai ficar travada em todos os sentidos.

Assuma o papel de uma pessoa que mudou a rota de sua vida, encare isso como algo trivial e normal. Não faça tempestade em copo de água, seja prático. Assegure-se de que agora é com você. Quando temos um problema e ficamos dormindo em cima dele, colocamos mais energia no que não queremos e não resolvemos nada com isso. Mas, se quando tiver um problema, encará-lo como algo pontual e pequeno, passará mais rápido por ele, mesmo que seja trabalhoso. Não existe sucesso sem esforço pessoal.

12

# *Crianças no meio de tudo isso*

*Talvez você case, talvez não. Talvez tenha filhos, talvez não. Talvez se divorcie aos quarenta. Talvez dance ciranda em suas bodas de diamante. Faça o que fizer não se auto congratule demais, nem seja severo demais com você. As suas escolhas tem sempre metade das chances de dar certo, é assim para todo mundo.*

Extraído do livro Filtro Solar

Se existem crianças na relação é importante ficar atento a tudo que sai da sua boca. Para uma criança, o pai e a mãe têm o mesmo significado, ou seja: a criança acredita que é feita metade do pai e metade da mãe (de forma inconsciente, claro), portanto, quando um dos pais fala mal do outro, a ideia que fica gravada e que causa profundos desequilíbrios é de que metade dela não presta, não foi boa, não tem valor. Ou seja, quando falar mal da mãe ou do pai do seu filho, estará falando mal de uma parte da sua criança. Pense nisso!

Uma pessoa divorciada madura é aquela que assume os seus 50% de tudo que deu certo e errado na relação, e segue em frente sem querer provar nada para ninguém; não tenta justificar os seus erros!

*Viva de modo que quando os seus filhos pensarem em justiça e integridade, eles pensem em você.*

H. Jackson Brown Jr.

Lembre-se de quem é o adulto. Crianças são crianças. Eles esperam que você os proteja, que faça as coisas por eles, que leve para eles segurança e amor. Cuidado para não virar filho dos seus filhos. Seja a mãe ou o pai deles, não inverta os papéis.

Se no seu caso o seu ex não for maduro o suficiente, seja maduro por ele e pelas crianças. Como terapeuta, vejo o estrago que muitos pais fazem na vida das crianças ao se separarem. Essas crianças se tornam adultos sem força, sem segurança e sem modelos adequados para seguirem.

Não importa o que aconteça, nada deve ser usado como justificativa ou desculpa para não ser o que precisa para os seus filhos. Entenda a sua responsabilidade sobre eles e não se importe com os outros. Os adultos de amanhã são as crianças de hoje e você é responsável por parte disso.

Assumindo o que precisa na sua vida não terá mais problemas. Ensine o seu filho a ser bem-sucedido mediante o seu exemplo, ele vai te observar com certeza. Os filhos prestam mais atenção ao que fazemos do que ao que dizemos. Certifique-se que eles tenham a força e a sabedoria que virá de você.

Não ensine o seu filho a ser vítima, ensine-o a ser flexível, leve e feliz.

13

# Dinheiro, pensão e administração financeira

*O casamento é a relação entre homem e mulher na qual a independência é igual, a dependência é mútua e a obrigação recíproca.*

Louis Anspacher

ESTAR DIVORCIADO E BEM-SUCEDIDO significa talvez ter de aprender coisas que nunca precisou fazer. Infelizmente, isso ainda serve muito mais para as mulheres. Mas a grande sacada é: saia do papel de pessoa frágil e dependente e aceite o papel de pessoa bem resolvida que descobre como as coisas funcionam.

Eu, Cristina, me deparei muito com estas questões, já que enquanto era casada, tinha alguém que se preocupava com tudo isso por mim.

Imposto de renda? Trocar o óleo do carro? Pagar contas nas datas certas? Investimentos? Se nunca soube como fazer tudo isso basta aprender, simples assim. Sabedoria não tem gênero. Saber significa dominar o conhecimento de algo. Basta começar.

No caso dos homens que vão morar sozinhos, a barreira está sempre em cuidar da casa, ter um lugar harmônico, limpo e organizado para receber os filhos sempre que necessário, sem ter que se programar para isso. A alimentação nestes casos é uma grande barreira. Crianças tem que comer comida. A casa do pai não pode ser o lugar legal em que só comem lanches e guloseimas.

Tanto para o homem quanto para a mulher: não sabe como fazer? Aprenda! Vale olhar na internet, perguntar às pessoas, pagar alguém para fazer, não importa o caminho; realize!

Decida por não utilizar nenhuma desculpa do tipo "coitadinho de mim que não sei como fazer" como justificativa. Faça acontecer! Seu lema de ser:

*Se não souber como fazer, descubra o telefone de quem sabe e faça acontecer. Ou,* APRENDA.

Assuma a responsabilidade de descobrir como resolver as coisas que precisar. Basta desistir de achar que não sabe.

Lembre-se de que desistir é uma das palavras mais libertadoras que existe!

## Pensão

Ao começarmos a falar de pensão, existe algo a ser observado:

*Os seus filhos têm direito, e ponto.*

Será que vale a pena brigar tanto assim e perder a sanidade? Eu escolhi fazer do modo mais simples, concordei com algo que foi proposto, dentro daquilo que achei razoável e resolvi correr atrás de todo o resto. Funcionou, hoje tenho muito mais.

Vejo pessoas querendo dividir tudo, tim-tim por tim-tim, na tentativa de "castigarem" o ex ou de provarem algo. Eu decidi deixar todos os bens somente para o meu ex (tudo mesmo, casas, dinheiro no banco, investimentos dentro e fora do país, assinei um documento abrindo mão de tudo) e foi a melhor coisa que eu fiz na vida. Sabe por quê? Porque eu não queria ganhar o papel da ex que depende do ex-marido ou da ex que vive do dinheiro que foi dividido. Eu queria somente uma coisa: que ele garantisse o padrão escolar dos meus filhos, e que pagasse as coisas deles. Direito deles. Isso ele faz e estamos combinados assim.

Eu não queria um ex pagando pensão para mim! Eu não preciso de pensão, estou viva, tenho pernas, mãos, boca e posso buscar o que preciso para a minha vida. Meus filhos precisam, não eu. Decidi que, mesmo se ele não desse aos meus filhos o que era deles por direito, eu me viraria para dar, mas não precisou. Eu não quis assumir o papel no qual, qualquer coisa que eu precisasse fazer, dependesse da cooperação dele.

Mesmo deixando tudo para ele, houve ainda alguns pequenos contratempos que fariam qualquer pessoa ficar revoltada, e sabe o que eu fiz? Simplesmente deixei para lá, resolvi que não preciso disso também. E não estou falando de orgulho, estou falando de poder pessoal. Acredito que a nossa consciência é aquilo que nos faz dormir em paz. E eu estou em paz, muito feliz e satisfeita com a vida que tenho hoje.

As pessoas sempre me perguntam sobre a condição das crianças, e a minha resposta é a seguinte:

Em primeiro lugar, ele sempre deu o que os meus meninos precisavam dentro da concepção dele. E eu sempre os eduquei para aceitarem o que lhes é oferecido, não importa de que mãos sejam dadas ou em que situação. Sempre tive em mente que eu precisava prepará-los para a vida, e o pai deles também sempre teve este mesmo pensamento, combinamos bastante referente a isso. Eu respeito as decisões dele e ele as minhas em relação aos nossos filhos.

Existe uma regra básica que sempre ensino aos meus clientes: se as crianças estão na casa da avó, as regras são da avó, se estão na casa do pai, as regras são do pai, na minha casa eles seguem as minhas regras. Ou seja, não precisa haver aquele conflito desnecessário, comparando o que um faz ou deixa de fazer. E quando as crianças aprendem isso, não abusam, não tentam levar vantagem de um ou outro ambiente, simplesmente aceitam que precisa ser assim.

Outro fator importante: se algo na minha concepção foi "aprendido" de forma errada do lado de lá, eu corrijo dando um exemplo contrário. Por meio de histórias, ou de uma explicação, SEM falar mal do comportamento aprendido ou da pessoa que ensinou, vou remoldando aquilo que vejo que é necessário.

Tenha em mente que precisamos preparar nossos filhos emocionalmente para a vida, para que sejam capazes de serem pessoas boas, bem-sucedidos e felizes. Eu sei que 50% de tudo que os meus filhos são vem da parte do pai e da família dele, portanto, nossos filhos são o que são hoje pelo conjunto de tudo e todos que estão à volta deles. Não é só por minha causa ou por eles. É a junção de tudo. Isso é um fato.

Quer saber o resultado dessa forma de lidar com a situação em relação às crianças?

Filhos felizes, bem-educados e estruturados emocionalmente. Todos que estão a nossa volta e convivem com eles, constantemente os elogiam e percebem que isso é verdadeiro.

Meu filho mais velho, Patrick, já foi cuidar da vida dele. Com 21 anos já está na faculdade em um curso que ama, cinema. Já trabalha na área que escolheu e recebeu vários convites de trabalho em outros lugares simplesmente pelo fato de que manda muito bem no que faz e por ser um cara estruturado, com noção das coisas. Ele surpreende muita gente pela maturidade e responsabilidade que tem. Já recebeu, inclusive, premiações pelo trabalho que fez fora e dentro do Brasil. Teve um episódio com ele e o pai que marca bem o que estou ensinando. Há três anos, Patrick e a namorada decidiram ir para a Europa passear. Queriam passar uns vinte dias visitando algumas cidades. Ela tinha o dinheiro da parte dela, vindo de sua família, e meu filho pediu para que o pai pagasse a parte dele; ele negou.

Eu o vi chateado e, como mãe, percebendo o que aconteceu, fiz uma pergunta para ele: o que você poderia fazer para ganhar esse dinheiro? Disse a ele que, o que o pai podia e queria oferecer era direito dele. O pai podia pensar e agir daquela forma, mas Patrick tinha duas pernas, dois olhos etc. Era janeiro e a viagem aconteceria em julho. Ele então começou a dar aulas de inglês depois da escola e adivinha? Conseguiu o dinheiro para ir viajar. No final, demos ainda um pouco de dinheiro para ele utilizar lá, mas a maior parte do dinheiro veio exclusivamente dele. Foi uma lição importante e que trouxe muito poder para ele. Meses depois, ele se virou para fazer a produção de um curta metragem, chamado Passeio Noturno (Night Drive), que lhe rendeu quatro premiações aos 20 anos, uma em Londres e três no Brasil. Hoje, ele trabalha na área que escolheu, faz faculdade de cinema e sabe exatamente o que deseja da vida.

Meu filho do meio que tem 19 anos está indo pelo mesmo caminho. Está quase fazendo a vida dele. Faz faculdade e está super organizado em sua mente para seguir o caminho que escolheu. Tenho muitos livros em casa, mais de dois mil, e o Kevin passa todo o seu tempo livre lendo e aprendendo. Qualquer pessoa que converse com ele sabe o quanto o conhecimento dele tem fundamento. E o mais legal de tudo isso é que ele resolveu estudar tudo por si mesmo. Até os 16 anos Kevin não lia nada. Inclusive tinha bastante dificuldade porque tem dislexia. Mas nos surpreendeu fazendo as próprias escolhas, mandando bem na sua vida já tão cedo. Tenho certeza de que se algo acontecesse a nós eles saberiam como lidar com a própria vida de forma muito bem estruturada. Brian, o meu pequeno, de 12 anos, está ainda em seu trabalho diário: brincar e estudar, e ficará ainda por um bom tempo assim, a hora dele chegará um dia, como a dos irmãos. Ele também é apaixonado por livros, passar perto de uma livraria é bem perigoso. No lançamento do meu último livro, *Lei da Atração para Crianças*, Editora Nova Senda, enquanto eu estava dando autógrafos, eles estavam passeando pela livraria; quando saímos de lá tive de passar no caixa; mais três livros para coleção. Temos livros pela casa inteira. Ler traz estrutura, conhecimento e liberdade. Pessoas livres são aquelas que têm o poder emocional e financeiro de irem onde desejam, como desejam e quando quiserem. Aqui em casa estão todos neste caminho. Meu enteado, Fernando, não estava, mas já está tomando seu rumo pela convivência com a gente.

Quando olho para eles, entendo que o caminho escolhido foi o certo, sinto gratidão por tudo, principalmente pelo o que entendi que precisava fazer. Não fiz sozinha, mas reconheço minha parte.

Como já disse anteriormente, não foi fácil. Tive medo, insegurança e momentos nos quais eu não sabia o que iria acontecer. Para você ter uma ideia eu decidi que iria voltar para o Brasil (já tinha sido acordado que meu ex compraria minha passagem de volta e pagaria minha mudança que veio num container de navio. Nada mais justo, já que deixei o dinheiro todo para ele), porém eu fiquei sabendo que realmente viria, somente três, isso mesmo, três horas antes.

Meu ex me ligou perguntando se podia comprar a passagem. Como eu estava nas mãos dele, claro que aceitei, já que se não aceitasse eu ficaria lá, (eu não tinha o dinheiro para a passagem, os meninos já tinham vindo com ele em janeiro por causa da escola e eu tinha ficado para ter certeza de que minha mudança seria realmente despachada). Ele poderia me dizer uns dias antes, mas não o fez. Como a mudança terminou as quatro da tarde mais ou menos, eu até estava imaginando que ele compraria a passagem para o dia seguinte, nunca iria imaginar que seria três horas depois. Ele poderia no mínimo avisar de manhã, ou mesmo quando a mudança foi confirmada, um dia antes. Bem, só deu tempo de entrar no carro, que estava alugado, e ir para o aeroporto. A minha sorte foi que devido a uma tempestade os voos estavam atrasados e consegui chegar a tempo. Minha mala já estava pronta a mais de um mês, o resto estava tudo encaixotado a bastante tempo, já que eu também não sabia quando a mudança sairia, o acordado seria até dezembro, e saí de lá no dia 29 de fevereiro de 2013. Imagine minha situação, com tudo encaixotado, sem saber quando a mudança sairia. Poderia ser no dia seguinte ou em uma semana. Foi em dois meses. Neste tempo de espera eu atendia alguns clientes via Skype e esperava confiante. Algo dentro de mim me fazia escolher ficar serena, em nenhum momento eu me revoltei, só ganhava forças.

Fui para o aeroporto que ficava a uma hora de distância de onde eu morava. Enquanto esperava consegui fazer algumas ligações e me despedir de duas amigas queridas. Tive uns 10 minutos para isso. Não tivemos tempo de nos encontrarmos para uma despedida mais formal, não deu tempo nem de tomar banho, já que eu precisaria chegar no aeroporto, na Philadelphia, entregar o carro na locadora e fazer o check-in internacional. Também consegui mandar um recado para minha irmã, pedindo para que alguém me buscasse no aeroporto. Como a peguei desprevenida, ela não pode ir me buscar, mas conseguiu que sua cunhada fosse.

Entrei no avião feliz, muito feliz, tinha dúvidas se realmente conseguiria sair do país, após a minha mudança já ter ido. Claro, eu tinha um plano B, trabalharia mais um pouco para comprar a passagem, enquanto isso poderia morar na casa de uma das minhas amigas por lá.

Cheguei ao Brasil e me lembro de que, quando o avião pousou, eu estava ouvindo a música que mais gosto do Led Zeppelin – *Stairway to Heaven*. Eu sentia uma imensa alegria, como se estivesse voltado da guerra para uma terra abençoada. Saí do avião sem acreditar muito que estava ali. Lembro-me de que fiz um gesto de tocar o chão do aeroporto. No dia seguinte comecei a reorganizar a minha vida. Eu tinha somente R$ 500,00 (quinhentos reais). Meu ex tinha me dito que quando eu chegasse ao Brasil, ele iria me emprestar uns R$ 20 mil para que eu conseguisse comprar um carro e alugar uma casa. Eu havia pedido esse dinheiro emprestado, e ele concordou quando fizemos o acordo do divórcio. Mas ele não mais me atendeu, nem ao telefone, nem por e-mail. Ele e sua família me evitaram por uns dois anos, a ponto de fingir que não me viam ao passar por mim na escola, por exemplo. Novidade? Não. Simplesmente deixei para lá e fui buscar outras soluções. Fui pegando emprestado aqui e ali e consegui! Atualmente, já terminei de pagar o que peguei emprestado. Outra vitória!

No dia 01/03/2014 escrevi em minha página no Facebook:

> *Hoje faz um ano que cheguei ao Brasil!!!!!!*
> *Sinto muita gratidão por toda a ajuda que recebi dos anjos. Eu consegui!!! Cheguei e comecei do zero, literalmente, e hoje estou muito bem, tenho minha casa, meu carro, meu consultório, minha vida todinha como desejei. Estou saudável, meus filhos estão felizes e saudáveis. Sei que sem os anjos eu não teria conseguido. Além de me sentir muito feliz, e grata por tudo, quero dizer a quem precisar de qualquer tipo de ajuda, que os anjos sempre estão disponíveis para facilitar nosso caminho, para nos mostrar o que e como devemos fazer! Eu sou prova de tudo isso, pois tudo que consegui foi com o apoio deles. Fiz minha parte, mas a parte deles foi*

*imensurável! Consegui coisas incríveis mesmo!!! Achei uma casa muito legal para morar, como e do tamanho que eu precisava, no lugar que eu queria e ainda consegui alugá-la sem comprovante de renda, sem dinheiro guardado (de verdade, quando cheguei eu tinha 500,00 reais na conta e mais nada). Consegui comprar o necessário para morarmos, tudo de acordo como eu esperava. Em outubro, realizei o meu sonho de virar comunicadora da Rádio Mundial. Poderia ficar o dia inteiro contando como eles me ajudam diariamente. Hoje, estou realmente com um sentimento de gratidão enorme!!! Agradeço também minha querida irmã Ana, e ao meu cunhadinho Cristian, que me receberam na casa deles e me hospedaram por quase dois meses até eu conseguir mudar para minha casa. Agradeço a Liliana e Simone, que me buscaram no aeroporto. Aos meus filhos, que me apoiaram o tempo todo. A minha mãe, Ivone, e minhas irmãs e irmão que sei que estavam torcendo por mim. Agradeço também as minhas amigas queridas que me apoiaram emocionalmente. E aos meus sobrinhos fofos, todos eles!!! (Tirei os nomes daqui para não os expor). E é claro, agradeço a todos queridos clientes!!! Amo o Brasil!!! E vou sempre continuar amando os Estados Unidos também!*

*Muito, muito obrigada por tudo!!!!!!*

*Namastê!!!!!*

Minha fé sempre me acompanhou. Desde muito pequena conseguia me comunicar com o mundo espiritual. Em março de 2015, lancei meu primeiro livro aqui no Brasil, *Anjos e Mentores* – Editora Alfabeto. Outra vitória linda na minha vida! Descobri que o mundo espiritual funciona como uma força, mas que essa força não tem nada a ver com nossa vida emocional, com nossa vida diária. Não é o mundo espiritual que resolve nossas coisas. Para mudar de vida, precisamos, antes de tudo, nos estruturar emocionalmente. O mundo espiritual apoia nossos esforços. Nossas ações constroem a nossa vida.

Entenda que os obstáculos só são obstáculos se você os enxergar dessa maneira. Tudo que acontece em minha vida eu uso para aprender a ganhar mais forças. Posso dizer com toda a certeza que isso funciona. Quanto mais experiências, mais aprendizado no dia a dia.

Eu não tive ninguém para pagar minhas contas como algumas pessoas acreditavam. Cheguei a ouvir que alguém me bancava, que eu tinha encontrado um cara rico, etc. Mas isso não aconteceu. Eu fiz tudo sozinha mesmo. Jorge, meu atual marido, só surgiu em minha vida em maio de 2017. A ajuda financeira veio por meio de empréstimos de amigos e do banco. De "anjos" que foram colocados na minha vida quando precisei. Não tive vergonha de renegociar dívidas, que prefiro chamar de investimentos, de fazer acordos, de fazer permutas, de me virar todas às vezes que precisei. A solução existe quando você a procura!

Portanto, decida não ficar brigando por algo que vai tirar a sua paz. É mais fácil ir atrás daquilo que necessita, para você e para suas crianças. Levante e se mexa! Sei que dá mais trabalho, mas compensa com certeza.

*O dinheiro só compra pessoas baratas.*
*Gente de valor se banca sozinha.*

# 14

# *Papéis copiados, histórias repetidas*

*Se queremos progredir, não devemos repetir a história, mas fazer uma história nova.*

Mahatma Gandhi

Onde aprendemos a ser como somos hoje? Já parou para pensar nisso? A resposta é a seguinte:

Quando nós, ainda bebês, fomos crescendo, percebemos e absorvemos tudo ao nosso redor. Foram as pessoas que estavam à nossa volta que nos forneceram visões e ideias a respeito do mundo, do que é certo e errado. Foi por meio dessas pessoas que cuidavam de nós, que moldamos o mundo em que vivemos.

Portanto, você bebeu dessa fonte!

Agora eu lhe pergunto: como era a sua fonte? Era de pessoas estruturadas e emocionalmente bem resolvidas? Será que eles serviam como modelo? Se a resposta for sim, continue assim. Se estiver em dúvida sobre os modelos errados que teve, e que provavelmente segue até hoje (fazemos o que aprendemos, até colocarmos outro modelo no lugar), talvez esteja na hora de buscar novos exemplos.

Não perca seu tempo culpando seus pais ou a vida que puderam lhe proporcionar, as pessoas só dão aquilo que têm!

Faça uma análise, quais foram seus modelos de vida? Com quem aprendeu sobre o relacionamento homem e mulher?

Sobre como resolver problemas e conflitos? Ser estourado, ciumento, indiferente, vítima, egoísta foi adquirido mediante exemplos de alguém? Ser amável, simpático, compreensível, empreendedor foi extraído dos exemplos de sua família ou de pessoas próximas a você?

Que modelo você segue? Observe onde aprendeu a fazer o que faz e por quê. Coloque na balança se isso faz sentido, se você continua escolhendo copiar estes papéis.

Seus padrões de educação continuam servindo? E seus modelos financeiros? A saúde? O sexo? A criação dos filhos?

Se algo não deu certo na sua vida, é porque precisa aprender a fazer de outra maneira.

As coisas dão erradas ou não funcionam porque não aprendemos ainda, só isso.

Observe-se, faça uma lista de tudo o que precisa aprender em todos os sentidos para se tornar a pessoa bem-sucedida que deseja ser. Se estiver satisfeito com sua vida é só continuar fazendo e pensando tudo igual. O resultado será garantido. A fórmula funciona, é só observar a própria vida.

Lembre-se de que não é um milagre, é a escolha de uma nova rota. E neste novo caminho vai ser preciso encontrar novos aprendizados, novos modelos!

*Aprender a fazer dar certo não é um milagre, é estratégia.*

Pois é. Você agora é o único responsável pela sua vida, entenda isso de uma vez por todas e siga em frente sem olhar para trás. O mais importante é olhar para si mesmo e entender que tudo depende exclusivamente de você. Sua vida precisa de você para dar certo!

*Um bom relacionamento é quando alguém aceita o seu passado, apoia o seu presente e acredita no seu futuro.*

Matheus Kempes

## 15

# *Se abrindo para um novo amor*

*O importante é viver e ser feliz mesmo que isso signifique deixar tudo pra trás e recomeçar, pois na vida e no amor as conquistas são feitas todos os dias.*

Extraído do livro *Comer, Rezar, Amar*

Amar é se entregar sem se perder. É fazer parte de algo maior sem perder a própria essência. Ter em mente que se trata de uma transformação na forma de olhar para um novo relacionamento e na forma de agir. É preciso entender que parte do que não deu certo aconteceu porque você nunca soube a receita de como fazer dar certo. Crescemos sem aprender a fórmula mágica de como se relacionar. Quando os problemas do casamento surgem, na maioria das vezes as pessoas se perdem, e então, tudo se perde. O que era lindo acaba de repente.

Da próxima vez isso não irá mais acontecer, porque você vai entender exatamente o que será preciso fazer!

Se relacionar a dois é uma arte! Aprenda para ser feliz da próxima vez. Para que consiga se dar bem na vida e com todos à sua volta é preciso aprender a se relacionar de forma eficaz!

A arte de se relacionar consiste em um entendimento bem básico de que as pessoas com quem convive são diferentes de você.

Partindo desse conceito, é preciso entender que lidar com um relacionamento significa sair do seu ponto de vista para entender o ponto de vista do outro.

A grande dificuldade se encontra principalmente em lidar com aquelas pessoas que são diferentes de nós. Isso acontece porque automaticamente ficamos mais confortáveis e aceitamos tudo que é parecido ou tem algo a ver com aquilo que acreditamos. E repelimos tudo que é diferente e que não tem a ver conosco.

Na vida, não temos sempre a opção de sair escolhendo pessoas para o nosso time que sejam parecidas com a gente. É comum as pessoas terem que conviver no trabalho, por exemplo, com pessoas bem diferentes.

Existem estratégias eficazes para lidar com as diferenças entre as pessoas. Se você treinar essas estratégias nunca mais terá problemas de relacionamentos! Vamos aprender?

Para conseguir lidar bem com qualquer pessoa no mundo, é preciso desistir da sua própria expectativa em relação ao que gostaria que acontecesse.

É necessário observar o que realmente está acontecendo, em vez de imaginar o que você gostaria que acontecesse.

Quando observamos, conseguimos ver a situação real de maneira clara, para então conseguimos interagir da melhor forma possível. E a melhor forma possível em um relacionamento é quando a resolução fica boa para ambos, levando em conta a a perspectiva dos dois envolvidos. É preciso estar aberto para realmente ouvir o ponto de vista do outro!

Os relacionamentos dão errado porque partimos somente do nosso ponto de vista. Queremos encaixar os outros naquilo que a gente acredita, naquilo que a gente acha que é certo e que queremos.

Quando não respeitamos o outro estamos invadindo o direito que ele tem de fazer o que acha que é bom. Sempre que impor sua vontade irá perder, mais cedo ou mais tarde. Se atreva a conquistar um relacionamento legal em todos os sentidos, que seja real e bom para os dois, não só para um.

16

# *A arte de se relacionar*

*Temer o amor é temer a vida, e os que temem a vida já estão meio mortos.*

Bertrand Russell

EM UM RELACIONAMENTO AMOROSO, o casal precisa ser capaz de sentir a liberdade de serem quem são.

Quando um dos dois passa a agradar o outro e se anula, com o tempo o relacionamento vai fracassar, porque isso trará um profundo sentimento de frustração naquele que se anulou.

É muito triste quando em um relacionamento amoroso o carinho, a atenção e todo o cuidado dispensado ao outro não é observado pelo parceiro, independentemente do lado que se está.

Tanto os homens quanto as mulheres, ou em qualquer outro tipo de união, é importante entender que, se o seu(a) parceiro(a) não o observa, é porque não está tão ligado na relação, não está prestando a atenção devida ao relacionamento em si. Para consertar isso, é importante uma boa conversa, na qual, tudo que se sente deve ser exposto.

Existe uma grande diferença, portanto, em a pessoa não dar esta atenção porque não está mais interessada, ou porque não aprendeu a observar e fazer o necessário. Nem sempre o outro faz algo contra você.

A conversa não deve ter a conotação de uma cobrança, deve ser somente um relato de como cada um está se sentindo. Para que um relacionamento dê certo é preciso haver maturidade de ambas as partes.

Não existe relacionamento perfeito, aquele modelo Disney que conhecemos na infância é totalmente irreal. Num relacionamento normal, daqueles que enfrentamos no dia a dia, existem muitos momentos para qual devemos ficar atentos, muitos deles bem delicados.

Agir com maturidade significa aprender a ter paciência, a observar, a transformar e se adaptar a cada momento.

É preciso também compreender quão profundamente o parceiro está envolvido em cada situação, para que um consiga alimentar emocionalmente o outro de forma natural e confortável para ambos.

Alimentar o parceiro é observar o que traz conforto para ele. É deixar de ignorar o que o outro diz, sentar e conversar a respeito do que aconteceu.

É comum alguém achar que não precisa de nada. No ponto de vista da pessoa, ela realmente acha que não precisa, mas quando se trata de um casal, de uma parceria, não podemos simplesmente ignorar a opinião do outro.

Um bom exemplo disso é em relação aos gostos pessoais que devem ser mantidos. Se um gosta de filme de ação e o outro gosta só de comédia, é natural que discordem. Só que neste caso são um casal, certo? Então, sugiro que cada um tenha a sua vez de escolher o filme alternadamente, e aquele que não gosta do tema escolhido, fará companhia mesmo assim, mesmo que durma ao lado, mas não deverá reclamar, mas, sim, aceitar, respeitar e incentivar. Numa outra oportunidade, será a sua vez de escolher.

Dentro do relacionamento é preciso ceder e compreender que o outro também precisa ter a vez dele. É como pegar lugar na fila, você precisará esperar a sua vez.

Quando uma pessoa enxerga tudo isso e seu parceiro não, é preciso encarar o conserto do relacionamento como uma tarefa pessoal e gratificante a ser cumprida.

O primeiro passo é se dar conta de que existe um modelo que seu parceiro está usando, um padrão de relacionamento aprendido por ele. Uma forma de se relacionar que serviu inconsciente de exemplo para vida dele. Lembrando sempre que quando falo ELE, estou me referindo aos dois lados de um relacionamento.

Na infância, os pais, os tios, os casais que estão por perto, formam um padrão de comportamento no qual nos baseamos e que, infelizmente, os repetimos de forma bem automática, sem pararmos para pensar. Fazemos assim também com a educação de nossos filhos, com a forma de lidar com o dinheiro, cuidar da nossa saúde, etc. São modelos, fórmulas que seguimos sem questionar.

Bem, se seu parceiro está seguindo uma fórmula automática, é simplesmente por não ter tido um modelo ideal. As pessoas fazem isso de forma aleatória, de qualquer jeito. Portanto, em primeiro lugar é preciso se dar conta disso e entender que ele não faz de propósito, mas que precisa aprender a fazer diferente. Os dois juntos precisam aprender isso.

### *Assuma que você também precisará aprender*

Aprender a lidar com uma situação em que alguém ainda não sabe algo, seja da parte dele ou dela, é essencial para um bom relacionamento. Pegue esta tarefa para si com carinho e uma grande parte do peso que carrega sairá de suas costas.

Ao observar o modelo de relacionamento do outro, tenha muito cuidado para não o criticar. Cuidado para não criticar os pais de seu parceiro, não critique dizendo coisas que podem ofender, lembre-se, simplesmente, de que se a pessoa não faz do jeito certo é porque ainda não aprendeu fazer!

Por outro lado, agradeça por estar tendo a oportunidade de entender isso, de aprender o que pode ser feito. Independentemente do que aprendeu como modelo, sinta gratidão pelo que está aprendendo agora, pois, se não tivesse essa oportunidade de aprender a agir diferente, de forma melhor, mais estruturada, sua vida estaria igual ou pior, certo?

Reflita: se alguém faz algo errado na vida, é somente porque ainda não sabe como fazer melhor. Pois se a pessoa soubesse com certeza faria diferente!

Vá aos poucos mostrando carinhosamente para o seu parceiro que ele aprendeu diferente. Uma ótima maneira de fazer isso é usar casos de pessoas que não conhecem como exemplo. Você pode contar ao seu parceiro que leu algo a respeito e que se deu conta do seu próprio modelo, e então deixar uma pergunta no ar, do tipo: "você já parou para pensar no modelo de relacionamento que a gente segue?".

Não acuse, fale de vocês dois. Pode emendar dizendo que casais bem-sucedidos e competentes seguem modelos diferentes, e ao trocarem ideias sobre isso, vai descobrir e compreender mais sobre o mundo do seu parceiro, e sobre o seu próprio mundo também.

O objetivo é fazer seu cônjuge parar para pensar que modelo segue, e refletir sobre as possibilidades de como aprender um novo exemplo. Não é algo simples, não é rápido, você precisará diariamente ir mostrando, ir lembrando, trazendo novos modelos.

No caso dos homens: escutem suas mulheres, nós temos necessidade de falar.

No caso das mulheres: escolham o momento certo. De nada vai adiantar acuar o seu parceiro, agindo assim, ele vai negar e se recusar a mudar.

Você precisará ter paciência, mas será recompensador. Faça isso por si mesmo, pelo seu parceiro e por todos ao seu redor.

As pessoas tendem a jogar a culpa pelo que não está dando certo no outro, sem pararem para observar o que está faltando e, principalmente, não param para entender porque aquela pessoa não faz o que seria mais adequado.

Quem está ao seu lado precisa se sentir confortável. Para isso, é necessário respeitar de verdade a pessoa que ela é. Claro, comportamentos podem sim serem mudados, se você enxergar isso, basta entender como se faz.

O "como" do que está faltando também deve ser aprendido. Existe uma receita por trás de tudo que é sucesso.

Casais competentes costumam seguir receitas que funcionam, eles seguem a vida observando o que precisa ser ajustado. Com o passar do tempo, seu companheiro seguirá os seus passos.

Pessoas emocionalmente competentes buscam os erros e os consertam, enquanto os emocionalmente desestruturados jogam a culpa no outro e ficam de braços cruzados.

Tenha um novo lema em sua vida: "problemas são grandes professores". Não cultue ideias de que os problemas são destruidores de felicidade.

Outro ingrediente importante num relacionamento é observar a hora certa para fazer mudanças, para conversar e mostrar o que é preciso.

Cuidado para não fazer isso em horas impróprias, que são aqueles momentos de correria ou aqueles em que pessoa esteja fazendo algo de que goste muito. Escolha um momento neutro.

Comece também a buscar mais sobre o assunto "relacionamentos", é importante sempre estudar, aprender coisas novas, assim terá cada vez mais cartas na manga, mais dicas e novas formas de como fazer algo de que é preciso.

Atenção: 90% da comunicação acontece de forma não verbal. Comece a observar isso. É muito interessante.

## 17

# Você não precisa pensar como seu parceiro!

*Cada um de nós é o astro, o herói e o protagonista de nossa própria história. A melhor forma de viver é lançarmos nossas próprias decisões e seguirmos nossas próprias convicções. Cada qual deve sentir-se livre para ser o que é. Preocupar-se demasiadamente com o que os outros pensam jamais fará uma pessoa feliz.*

Daisaki Ikeda

Este é um grande mito! Muita gente pensa que para um relacionamento dar certo é preciso que os parceiros pensem de forma bem parecida, mas isso não é verdade!

É importante entender que para um relacionamento dar certo, é preciso existir além de respeito, papéis definidos dentro da relação. Quando existe esta divisão e cada um sabe o que lhe cabe, não há motivos para brigas ou desentendimentos.

O que faz um relacionamento fracassar é a falta desse respeito junto à falta de estrutura.

Se você pensa diferente do seu parceiro, mas ele aceita esta diferença e vice-versa, não tem porque dar errado. O problema ocorre quando um tenta convencer ou moldar o outro para ter as mesmas ideias e pensamentos. O parceiro que se submete a este "molde", com o tempo ficará muito frustrado. Este é o começo do fim de um relacionamento. A pessoa passa a questionar se vale a pena tentar entender e perde a vontade de cooperar, indo, muitas vezes, totalmente contra o outro, o que vira um prato cheio para as discussões.

***Resumindo:***

- Não critique, nem fique apontando erros.
- Tenha paciência para entender que certos comportamentos fazem parte de uma realidade temporária, ou seja, é o que a pessoa amada entende como certo naquele momento, até ela entender outra forma de fazer a mesma coisa. Leia a respeito de novas possibilidades, de como fazer algo de forma diferente. Se vocês divergirem muito em relação a algo, o ideal é que cheguem a um meio termo que fique bom para ambos.
- Aprenda a ceder, mas isso não pode desestruturar ninguém. Ensine o outro a ceder também. A forma mais confortável é por meio da negociação, de acordos, de conversas.
- Tenha momentos gostosos de conversa a dois, façam sempre planos para o futuro. Grandes e pequenos planos. Não deixe o romance ficar sem sal ou cair na rotina.
- Seja gentil, não deixe de fazer pequenas e grandes gentilezas no dia a dia. É gentil agradecer, é gentil cuidar, é gentil lembrar. Mostre que se importa, demonstre amor.
- Ajude para ser ajudado. Faça com amor para receber com amor. Entenda que os altos e baixos existem e vão continuar existindo, que cabe a vocês verem estes momentos de forma leve, ao invés de utilizá-los para se destruírem.
- Quando estiver chateado, respeite-se. Tente o máximo possível não jogar a culpa no outro. Devemos ser 100% responsáveis por aquilo que nos acontece, ou seja, se está

na sua realidade algo desagradável é porque de alguma forma você plantou/contribuiu para que isso acontecesse.

- Apoie, incentive, ajude. Essa sensação de que a pessoa ao seu lado o incentiva é uma das melhores sensações que alguém pode sentir. Isso criará a confiança e o respeito de que todo casal precisa.

# 18

# *Rodízio de madrastas e padrastos*

*Não existe essa coisa de "família quebrada." Família é família, e não é determinada por certidões de casamento, papéis de divórcio e documentos de adoção.*
*Famílias são feitas no coração. O único momento em que a família se torna nula é quando esses laços no coração são cortados. Se você cortar esses laços, essas pessoas não são sua família. Se você criar esses laços, essas pessoas são a sua família. E se você odiar esses laços, essas pessoas ainda serão a sua família, porque tudo o que você odeia estará sempre com você.*

C. JoyBell C.

Depois do divórcio, muitos caem na farra. Tudo isso faz parte. Enquanto alguns se retraem, outros procuram passar seu tempo curtindo a vida e as pessoas que vão encontrando pelo caminho. Quando existem crianças no meio é muito importante que tenha consciência da imagem que passará após a separação. É preciso ter muito cuidado. Crianças veem e percebem nossas atitudes, cuidado com o que vai transmitir a elas.

Tudo é importante: a imagem do dia a dia; a nova configuração familiar; quem faz o quê.

Crianças prestam muito mais atenção ao que veem e sentem do que naquilo que falamos, portanto, tenha muito cuidado.

Não ache que seu filho não entende, não tente enganá-los apresentando alguém como um amigo ou amiga.

Existem algumas regras ideais que podem assegurar que suas crianças fiquem resguardadas emocionalmente:

- Não compartilhe com seus filhos informações falando que conheceu alguém ou que está à procura de um novo relacionamento.
- Não fale coisas que pertencem ao mundo dos adultos, para crianças e adolescentes, por mais maduros que eles possam parecer. Também não caia na tentação de contar como foi ou o que fez com alguém.
- Lembre-se: papo de adultos com adultos somente.
- Quanto menor o tempo da separação, e essa é uma regra muito importante, menos se deve falar da própria vida para outras pessoas.
- Jamais caia na tentação de expor alguém nas redes sociais, para mostrar que a fila andou e provocar raiva, ciúme ou algo assim no ex. Pessoas imaturas emocionalmente fazem isso. Pessoas maduras e bem resolvidas não precisam disso e sabem que não é porque um relacionamento acabou que precisa sair se expondo.
- Não mande indiretas em forma de mensagens. Isso doí no outro, e a intenção é agir de forma mais madura possível ao invés de agir como uma criança insensível e mimada. Não caia na tentação de falar mal de alguém que um dia lhe fez feliz!
- O ideal é que seu filho só seja apresentado a alguém que entrou na sua vida quando realmente tiver certeza de que ficará por bastante tempo. Para saber disso, é preciso ao menos passar dois meses ao lado dessa pessoa.

- Seu novo relacionamento tem que começar com transparência, com o entendimento de que você tem um passado que consiste em ex, família do ex, filhos, etc. Tenha muito cuidado com a nova pessoa que poderá apresentar aos seus filhos.
- Não que seja uma regra, mas será bem mais fácil alguém entender este mundo de filhos e ex se também tiver filhos e ex. Já vimos muitas histórias de pessoas que conheceram um parceiro que não tem filhos serem cobradas por mais tempo, por mais atenção, por mais... Entenda: seus filhos vieram antes na sua vida do que essa nova pessoa, portanto, eles devem sempre ter prioridade. Filhos são para sempre. Você é o responsável por dar exemplo, mesmo com contratempos como o divórcio. Procure mostrar para suas crianças que ter duas casas pode ser bom e divertido, e que ter uma nova configuração de família não é ruim, é somente diferente.
- Não é legal, ao conhecer alguém, deixar seu filho de lado como se ele atrapalhasse. Também não é legal delegar o cuidado necessário para o bem-estar deles, para ficar "livre". Seu filho vai entender, pensar ou imaginar, que não tem valor, e isso poderá causar danos emocionais difíceis de serem reparados. Não estamos dizendo que não pode deixá-los com alguém de vez em quando, só tome cuidado para que seja de forma saudável.

Com essas regras básicas, mostrei aos meus filhos que eles teriam sempre dois pontos de vista, e que com o tempo eles iriam aprendendo a observar o que fazia mais sentido. Sempre disse para não acreditarem em nada sem pararem para pensar e analisar o que é coerente. Faço isso também com os meus clientes, ensino a não acreditarem no que acham sobre si mesmos e sobre os outros, e nem no que ouvem, mas, sim, a observarem o que enxergam. A verdade é o que é feito, não o que é mostrado ou falado.

Suas crianças precisam aprender sobre valores importantes. É de criança que se aprende. Portanto, seja responsável por ensinar o certo. Tenha em mente que ao encontrar pela frente adultos sem noção, significa que essas pessoas não tiveram bons exemplos na infância. Assuma a responsabilidade de colaborar com um mundo melhor.

Não deixe seus filhos entenderem que o relacionamento entre duas pessoas é algo sem importância. Ensine-os a valorizarem os sentimentos, os outros e a si mesmo. Ensine-os a darem crédito a tudo a sua volta.

Quando alguém entra e saí rapidamente da vida dos seus filhos, pode fazer com que eles criem a sensação de perda constante. Aquela pessoa legal de repente some, desaparece. Não deixe isso acontecer com tanta facilidade. Pense nisso!

# 19

# *Vida Sexual*

*O casamento é como uma longa viagem em um pequeno barco a remo: se um passageiro começar a balançar o barco, o outro terá que estabilizá-lo; caso contrário, os dois afundarão juntos.*

David Reuben

Outra parte que contribui bastante para uma separação é o sexo, ou ausência dele. O grande vilão dessa história é a falta de orientação.

Se pararmos para observar, pouco se aprende verdadeiramente sobre sexo. Para a maioria das pessoas, a vida sexual tomou forma fazendo e pronto. Nos dias de hoje a coisa ainda ficou um pouco pior. Com o advento da internet e a liberdade com que os filhos são criados perante a televisão, cinema e as conversas não filtradas, grande parte do que ouvem sobre o assunto são de fontes não estruturadas, vem de "achismo", não da realidade.

Existem dois lados negativos com toda essa liberdade. Nossas crianças não aprendem o conceito do convívio a dois, a essência da vida real, que envolve tanto o relacionamento em si, quanto a convivência, que pode desgastar o desejo. E, em contrapartida, tudo aquilo que eles veem com tanta felicidade, pode criar um conceito de conto de fadas ou até mesmo de agressão.

Homens e mulheres são da mesma origem, mas de estrutura diferente. Os homens precisam aprender sobre o corpo da mulher, seu funcionamento, etc. Precisam aprender a observar a parceira, respeitar o seu espaço. Já as mulheres precisam aprender sobre o apelo erótico que eles têm.

Muitos homens acham que dão prazer às mulheres por meio da penetração, sendo que mais de 60% delas não conseguem chegar ao orgasmo desta forma. Estes homens acham simplesmente que, por terem chegado ao pico do prazer, a mulher também chegou. Por vergonha, e mesmo por não saberem como o próprio corpo funciona, essas mulheres vão deixando para lá, se conformam com a situação. Com o tempo, isso se torna uma grande frustração e até uma obrigação.

A mulher que não se conhece, com o passar do tempo vai deixando o sexo em segundo plano. Ela para de se arrumar, de se cuidar e dá lugar a outros afazeres, abrindo uma brecha para que os seus parceiros busquem fora o que necessitam. Não deixe isso acontecer com você.

Com os homens é bem diferente. O que excita a mulher é o que ela ouve, o romance, o carinho, etc. O que excita um homem é o que ele vê. O sexo masculino é muito visual, para um homem ficar com vontade de fazer sexo, basta olhar o corpo de uma mulher, ou imaginar isso. As mulheres se excitam ao se sentirem desejadas e não somente quando são solicitadas a transar. Para a mulher ter vontade de fazer sexo ela precisa *entrar* no clima. O homem precisa *preparar* esse clima, brincar com ela no sentido de fazê-la se sentir desejada.

O homem entra no clima como um forno micro-ondas, rapidinho. A mulher entra como um forno a lenha, muito mais demorado. Para a mulher querer transar ela precisa ser preparada antes. Para o homem apenas um minutinho basta. Se durante o dia a mulher ficou chateada com o parceiro, ela tende a se fechar e costuma demorar para resolver isso internamente. O homem não mistura jamais estes sentimentos. Aí vemos um grande problema. É preciso que os parceiros compreendam essas diferenças naturais para que tudo se harmonize.

A mulher precisa compreender que estar arrumada, cheirosa e se vestir de modo adequado para o marido será sempre importante, não só no início do romance. Infelizmente, não é isso que acontece. Vejo muitas mulheres "largadas" depois de um tempo de relacionamento. É preciso estar sempre bem cuidada. Isso é um fato. Conforme-se com isso. Já os homens precisam ser gentis, cavalheiros, precisam dar atenção, porque a mulher é mais frágil emocionalmente mesmo, entendam isso e tudo será mais simples.

Se no relacionamento a dois existem problemas com a intimidade, se não conseguem se soltar, ficar à vontade um com o outro na cama, em primeiro lugar e o mais importante é assumir que existe um problema e buscar resolver isso. Existe solução com certeza.

Vale ler a respeito, buscar informações, procurar um terapeuta especializado ou qualquer coisa do tipo, desde que você consiga resultados concretos.

Geralmente algumas mulheres se seguram na cama, mesmo com os próprios maridos. E por que isso acontece? Percebo que esse é um comportamento de mulheres que que, desde a infância, ainda não se libertaram de padrões sobre o certo e o errado, a culpa e o pecado. É importante que a mulher pare para observar se os velhos padrões fazem sentido.

Vejo muitas mulheres que se seguram porque acham que alguém vai julgá-las ou simplesmente se esquecem de que são adultas e não devem satisfação a ninguém. Mulheres assim agem como se estivessem sendo observadas.

Há pouco tempo, e ainda nos dias de hoje em alguns lugares, é dito que sexo está associado ao pecado. A questão cultural de desvalorização da mulher, ideias totalmente inadequadas, sem sentido, contribuíram para uma ideologia na qual condenou o conceito de sexo como algo bom e permitido.

É preciso investigar: o que você pensa sobre sexo? Essas ideias fazem sentido? Você se sente à vontade quando fala de sexo? E sua vida sexual, como está? Sexo ajuda ou atrapalha o seu relacionamento? Existe indiferença de sua parte em relação ao assunto? Algo como cumprir seu dever?

Entre quatro paredes, entre duas pessoas é preciso haver sintonia, é preciso haver prazer, confiança. Não há nada melhor que aquele sentimento gostoso de querer estar com o outro naquele momento.

O ideal é que a pessoa esteja segura do que gosta (pare para pensar a respeito, pesquise, leia, pergunte), não tenha vergonha do próprio corpo, não tenha nenhum "nojinho", saiba falar do que gosta, saiba pedir sem ter vergonha, sinta-se livre para falar, gemer, fazer o que der vontade. Olhe nos olhos de seu parceiro e saiba desejar sem medo, e claro, sinta prazer em ser desejada!

Portanto, se isso não aconteceu no seu relacionamento, ou nunca aconteceu em momento algum de sua vida, você precisa se conhecer, investigar suas crenças e buscar ajuda se necessário. Um relacionamento pleno em todos os sentidos, incluindo o sexo, é completamente possível, é real, acredite. Infelizmente, muita gente acha que isso é invenção, que é exagero, mas existe sim, não é só na novela e nos filmes. Você também pode viver isso!

Sexo é bom, é prazeroso e deve ser vivido. É uma criação de Deus, por que seria proibido? Por que seria ruim? Sexo é encontro, é ligação. É troca. É vida. É saudável. Permita-se!

A pessoa ao seu lado precisa aceitá-lo do jeito que você é. Não há nada mais gostoso que ser compreendido e aceito.

Em um relacionamento, os parceiros precisam se ajudar, se apoiar e curtir juntos. As diferenças precisam ser respeitadas e cada um deve ter liberdade para "ser".

Quando se tem o parceiro certo ao seu lado, você cresce, sente-se incentivada, sente-se viva e se torna uma pessoa capaz de ir muito mais longe do que jamais imaginou.

Quando quem está ao seu lado não é o ideal ou não está preparado para desempenhar aquele papel, você fica com a vida paralisada, desorganizada, é frustrante.

**Dicas poderosas sobre sexo:**

- Transar fica mais gostoso quando todos os lugares da casa são aproveitados. Transe no chuveiro, no sofá, na garagem, na cozinha, no chão, na mesa. Fora de casa também vale, desde que ambos fiquem à vontade e em segurança. Que tal a praia, o mar ou dentro de uma barraca, por exemplo? Deixe a imaginação solta e, junto ao seu parceiro, despertem cada vez mais desejo um no outro.
- Organize-se para ter um tempo a sós com seu parceiro. Principalmente se vocês têm filhos, é importante que tenham alguns momentos sozinhos.

Quando se tem filhos, cerca de 15 a 20 anos, no mínimo, são dedicados em função deles. Portanto, é importante reservar "espaços" no dia a dia para o casal se dedicar somente aos seus prazeres. Este hábito deve começar desde que o bebê nasce!

Se o bebê for bem novinho e ainda depende de amamentação, reserve uma hora para ir, por exemplo, até a padaria tomar um suco, comer um lanche com o seu companheiro (sem o bebê). Pelo menos uma vez por semana.

Conforme o tempo for passando, reserve em torno de uma hora e meia, duas horas, o suficiente para ir jantar com o seu parceiro enquanto o bebê fica aos cuidados de uma avó ou amiga. Mesmo se estiver amamentando exclusivamente no peito, é possível sair por um tempinho. Seu filho não vai morrer se ficar um tempinho sem você, pense nisso.

Faça isso toda semana, reservando um espaço somente para o casal. Até que um dia conseguirá ir ao cinema, depois sair para jantar, ir a um motel ou a um show, por exemplo. Ou mesmo passar um final de semana, ou um dia inteiro a sós. Pode não parecer, mas é superimportante para a relação do casal.

É tão gostoso andar de mãos dadas sem se preocupar se o seu filho está correndo ou fazendo alguma arte! Mas, cuidado com a tentação de, ao sair com seu parceiro, somente falar das crianças! Aproveite o momento para fazerem mais planos juntos, para ouvir e fazer perguntas sinceras a respeito do trabalho e outras áreas. Falem de temas de adultos!

Grande parte das mulheres sente culpa ao deixar seus filhos para sair, sentem que estão abandonando ou fazendo algo errado, mesmo que seja para sair com o marido. É preciso mudar esta questão e libertar-se desta culpa. Procure pensar por outro ângulo, pense que seus filhos estarão felizes enquanto seus pais estiverem felizes. Você está fazendo algo para a felicidade do casal, consequentemente, está fazendo o mesmo para a união da família. Não há nada de errado nisso, muito pelo contrário. Ao adquirir essa postura desde cedo, seus filhos se acostumarão e vão enxergar aquilo de forma natural, como um dia do papai e da mamãe.

*Desfrutem ao máximo destes momentos a sós.*

Responda de forma honesta as perguntas a seguir e fique sabendo o que é preciso lapidar para que seu relacionamento sexual seja espetacular para ambos. Se você responder sim a mais de três questões está na hora de aprender a se libertar! Essas perguntas são direcionadas às mulheres, mas é bom que os homens leiam e fiquem atentos ao que pode estar incomodando sua parceira.

- Você sente nojo ao tocar seu parceiro ou ser tocada por ele?
- Tem dificuldade em falar sobre o que prefere e o que não gosta?
- Tem vergonha do próprio corpo?
- Deseja que termine logo?
- Vai correndo se lavar?
- Não consegue se entregar?
- Espera sempre que a iniciativa venha dele?
- Não chega ao orgasmo?
- Tem preconceitos?
- Tem medo?
- Transa o tempo todo de olhos fechados?

Ninguém nasce sabendo. Qualquer pessoa bem-sucedida no mundo aprendeu a se comportar e fazer as coisas de alguma maneira, sempre baseado no que os outros já fizeram.

No seu próximo ou atual relacionamento, aprenda a transformar tudo o que não está bom em algo positivo. Mas, entenda que isso precisa partir de você. Não espere que o outro enxergue ou conserte nada por você. Transforma-se com informações e novos conhecimentos e faça seu novo relacionamento dar certo.

Num primeiro momento vai parecer que só você se esforça; e será assim mesmo, não espere que seja de outra maneira. Levará tempo até que o outro se encaixe e também comece a mudar. Portanto, é importante que aja com maturidade emocional e entenda que o outro ainda não entende, ainda não percebe, e está tudo bem. Seu objetivo deve ser fazer a transformação acontecer de forma doce e carinhosa, ao invés de desejar a transformação de forma forçada.

De agora em diante, o mais importante será assumir a posição que deseja. Seu parceiro irá mudar de forma gradual e se encaixar no novo modelo de relacionamento, somente se ele se sentir feliz e confiante com isso. É por isso que ninguém consegue mudar ninguém, mas quando a pessoa percebe que fazer uma mudança ou outra é bom, que trará benefícios, então ela se permite aceitar algo novo. Não pense em mudar somente se o outro mudar também. Entenda que será necessário influenciar o outro na mudança.

Se vocês tiverem um problema importante em algum momento, procure primeiro entender se são capazes de resolvê-lo por si só. Quando estamos dentro do problema, geralmente é difícil enxergar o que precisa ser feito. Vale muito a pena nestes casos consultar um terapeuta experiente ou um Coach de relacionamentos para ajudá-los a fazerem o que precisa ser feito e da forma mais simples e rápida possível.

***Para finalizar, seguem mais algumas dicas:***

MULHERES: Não é porque estão em um relacionamento estável que devem ficar desleixadas. Tenham em mente que é importante estar pronta 24 horas por dia para qualquer situação, não só em relação ao seu relacionamento.

Imagine a seguinte cena: no dia da sua folga, você acorda e tem que limpar a casa. Então vai precisar colocar a mão na massa. Sem pensar direito, você coloca qualquer roupa. A campainha toca; que imagem você quer passar: a de uma pessoa desleixada ou a da dona da casa fazendo faxina? Entende a diferença?

É assim que deve ser no seu dia a dia. Deve estar sempre preparada para qualquer situação. Mesmo para a faxina.

No quesito relacionamento, é importante se sentir poderosa o tempo todo. Nenhuma mulher vai se sentir assim com a unha malfeita, despenteada, sobrancelha por fazer, cabelos brancos aparecendo, com a roupa que não combina, certo?

Arrume-se em primeiro lugar para você. Fique bonita e agradável para você! Quando gostar do que vê no espelho com certeza seu parceiro vai gostar também.

Então vamos lá: se olhe no espelho! Gosta do que vê? Se não está gostando, mude! Melhore o que puder para se sentir bem com você mesma! Jogue fora o que não combina com você do seu guarda roupa. Esteja sempre pronta para que seu parceiro tire a sua roupa a qualquer hora do dia!

Mantenha sempre em ordem: depilação, cabelo e unhas, *lingerie* combinando, boa forma (aquela que deixa você confortável). Não precisa ser uma modelo, já sabemos que o estereótipo de beleza é totalmente fora da realidade, e os homens também sabem.

*Cuide-se! Ame-se e você vai brilhar na vida do seu parceiro.*

HOMENS: se arrumem para suas mulheres, tomem cuidado com a barriga também, com a aparência. Estejam cheirosos e apetitosos. Joguem fora as cuecas sem cor, furadas, que não o deixa interessante. Cuide da barba, pergunte para sua parceira do que ela gosta, o que prefere, agrade!

Pequenos gestos de carinho fazem a diferença no dia a dia. Alguns homens têm dificuldade em demonstrar sentimentos, isso geralmente é muito natural. Existem inúmeras maneiras de agradar uma mulher, seja criativo, busque ideias, não use isso como desculpa. Um "eu te amo" pode vir disfarçado de "se cuida", "dormiu bem?", "precisa de ajuda?". Pequenos gestos podem alegrar a sua amada. Se não sabe demonstrar o que sente, procure aquela música que diz exatamente o que você queria dizer, ou um poema, um texto na internet, têm inúmeros textos nas redes sociais de escritores maravilhosos e sensíveis, que parecem ler o nosso coração, procure um e mostre a ela. Um cartão, uma flor, um café fresquinho. Mulher gosta de gestos simples, não hesite em fazê-los, faça-a sentir amada, querida, importante, e verá a diferença na pessoa ao seu lado.

É muito comum depois de certo tempo de relacionamento a rotina tomar conta, e até adquirir alguns hábitos negativos, como comer além do que deveria ou deixar-se levar pela preguiça, parar de fazer exercícios físicos, achar que não precisa mais conquistar. Ledo engano, não há amor que resista à rotina que a vida impõe.

Homens e mulheres, reguem o seu relacionamento, nunca achem que o jogo está ganho. Não é que você precise se preocupar o tempo todo em não "perder" a pessoa, mas o cuidado diário é importante, porque a rotina domina mesmo, o tempo passa rápido e quando se vê lá se foi mais um mês e vocês sequer se beijaram, já aconteceu com você? Quantos casais vivem como irmãos, no máximo dão um selinho, não sabem o que é um beijo demorado há tempos? Não deixe isso acontecer, quando o outro percebe que você se importa, ele também vai se importar. Tome a iniciativa, não fique esperando sempre a atitude dele em demonstrar.

Regue a plantinha do amor todos os dias, que vocês colherão os frutos de um relacionamento saudável, duradouro e feliz.

*Assuma o aprendizado de como ter*
*uma vida sexual plena e feliz!*

20

# *Problemas comuns nos relacionamentos*

*Seja qual for o relacionamento que você atraiu para dentro de sua vida, numa determinada época, ele foi aquilo de que você precisava naquele momento.*

Deepak Chopra

Entenda os problemas mais comuns nos relacionamentos:

- Expectativas diferentes, quando cada um olha para uma direção.
- Má interpretação do sentimento do outro.
- Falta de comunicação eficiente. Saber falar o que sente no momento adequado e saber ouvir.
- Falta de alinhamento nos objetivos comuns.

Quando cada um quer uma coisa diferente e vivem brigando para convencer o outro do que querem, sem respeitar a opinião oposta, instala-se um ingrediente perfeito para a frustração e a falta de vontade de estar na relação. Sem expectativas, sem decepção. Quando esperamos muito a respeito do que queremos que o outro faça, não observamos os sinais de que não estamos agradando. Assim, acabamos desrespeitando o direito do outro em estar na relação sendo quem ele é. Muita gente tem esse comportamento, sem perceber o egoísmo que isso representa.

Um relacionamento é feito de duas pessoas. Para dar certo, é preciso achar lugar para os dois no relacionamento.

É preciso também entender que talvez o seu parceiro nunca tenha parado para observar isso, neste caso, a correção mais simples e possível é comunicar a ele, de modo leve e num momento em que o outro não se sinta contrariado, que não funciona assim. Fale com jeitinho, mas fale. Diga que gostaria de falar algo que tem observado e que aquilo não é uma crítica, é somente algo que sente e que gostaria de consertar no relacionamento. Saber se expressar sem atacar o outro é essencial. Planeje para falar. O objetivo é mudar algo ao invés de jogar toda a culpa no outro. Tenha em mente que tudo o que não está bom e que o outro não percebe pode ser mudado por meio de uma comunicação eficiente. O que acontece com casais que não sabem se comunicar é que se tornam ásperos um com o outro. Seja leve, seja delicado.

Outra questão importantíssima que é preciso levar em consideração são os objetivos. É preciso que cada um mantenha seus objetivos pessoais, mas que o casal também tenha objetivos comuns. O que não pode acontecer é de cada um olhar numa direção. Ao fazer planos quando se está casado é preciso incluir todos da família. Quando o casal tem objetivos pessoais que nada tem a ver um com o outro, é importante que aprendam a se apoiarem e arrumem algo para fazer com o tempo enquanto o outro estiver em seus afazeres. Vou dar um exemplo: digamos que seu marido decida correr uma maratona e passe a fazer treinos diários. Isso tomará tempo, com certeza, mas lembre-se de que é um sonho dele. É importante para ele ter seu apoio. Então é ideal que a pessoa que não treina arrume algo para fazer neste tempo sem reclamar ou dar uma de chata. O mais interessante ainda seria ir junto e participar de alguma forma, estar por perto. Se você apoiar será sempre apoiado.

Alerta: tente evitar ser chato. A pior sensação que um pode ter do outro é a sensação de chatice. Quando ao chegar em casa a pessoa encontra o outro de bico, reclamando, pontuando algo, mandando, cobrando, a última coisa que se quer é voltar para casa. Nosso lar é um lugar de refúgio, onde o que queremos ao retornar para ele, é ter uma pessoa amiga esperando, diferente de ser bombardeado com perguntas, cobranças e chatices de todos os tipos. Isso traz a sensação de que estar em casa é um saco, um inferno. Quando isso começa a acontecer o outro começa a arrumar desculpas para não voltar tão cedo para casa. É algo perigoso, pois do lado de fora pode ser que encontre alguém disposto a dar o carinho e apoio que ali ele não recebe. Receita certa para que a pessoa em questão encontre um amante.

Ser apoiado pelo outro é incrível e gera muito poder pessoal. Voltar para casa e encontrar alguém disposto a ouvir, a saber como foi o seu dia ou algo que você fez, não tem preço. O objetivo na vida de qualquer pessoa deve ser progredir, isso significa alcançar patamares maiores, é diferente das pessoas que fazem as coisas por fazer. Seu parceiro com certeza deve ter um sonho. Se você não souber qual é, descubra, monte um projeto para que a pessoa consiga ser o que deseja. Este será o melhor exemplo que poderão dar aos seus filhos caso os tenham. Pais que gostam do que fazem, fazem com gratidão e prazer.

Ter um objetivo na vida traz progresso para qualquer pessoa. Não passe sua vida sem ter um objetivo importante. Vá em direção a quem você é. Nãos seja coadjuvante da sua vida, seja o ator principal.

## 21

# *Estágios de melhora nos relacionamentos*

*Quem ama sempre dá seu melhor, sem pensar que será em vão.*

Aqui estão alguns pontos que demostram que o seu relacionamento começa a mudar para melhor. Quando o casal começa a progredir pelo bem comum:

- Abertura de consciência: de alguma forma, um começa a ficar mais alerta ao que o outro sente. Começa a entender o parceiro como alguém que no mínimo merece ser "olhado", compreendido e respeitado.
- Entendimento: a pessoa passa a prestar atenção e tenta entender um pouquinho do que se passa na cabeça do outro, tenta uma aproximação mais "carinhosa". Neste estágio, começa a surgir o respeito pela opinião e sentimento do outro.
- Respeito e aceitação: não importa se ficarão juntos ou não, mas surge o respeito pela pessoa que cada um é. Junto com o respeito surge a aceitação. Quando a pessoa aceita ela não tenta controlar, não tenta mudar, simplesmente aceita. Pessoas emocionalmente bem resolvidas sempre aceitam uns aos outros.
- Compartilhamento: este é um estágio avançado, nele surge a verdadeira amizade e companheirismo, onde o que mais importa é o bem do outro e o amor. Neste estágio, não existe problemas que não possam ser resolvidos juntos.

- Amor maduro: acontece quando ambos viram complemento um do outro. É aquele casal competente em todos os sentidos. O casal se respeita, se ajuda e divide uma vida plena de felicidade por viver essa parceria.

É importante que você entenda que tudo que o outro ainda não é um dia ele poderá ser. Basta que a pessoa seja conduzida por meio do aprendizado necessário. É preciso ter paciência, mas vale muito a pena.

## 22

# *Caderno de exercícios*

Preparamos esta parte com pequenos rituais que o ajudarão emocionalmente a se libertar dos pesos desnecessários. Use os exercícios sempre que estiver se sentindo vazio, triste ou com dúvidas.

Importante: não faça os exercícios na presença de crianças, eles não precisam se libertar de nada. Se houver a mágoa, ela é sua.

### Exercício da foto

Este exercício serve para que uma nova imagem permaneça em sua mente. Uma imagem pura e verdadeira. Para isso você vai precisar de uma foto sua em que esteja com seu ex e suas crianças.

Recorte a silhueta de cada um e faça uma nova montagem ou configuração da família da seguinte forma:

Antes você e seu ex permaneciam um ao lado do outro e suas crianças ao lado. Agora, suas crianças ficam no meio e os pais um em cada ponta. O que isso significa?

Que agora vocês permanecem nesta corrente pelos filhos, protegendo-os, amando-os. Essa configuração precisa ficar para sempre na sua cabeça. Lembre-se: ex é para o resto da vida.

## Exercício de perdão

Este exercício serve para aliviar o sentimento negativo em relação ao que aconteceu. Você vai precisar de um papel e de uma caneta ou lápis.

PARTE 1: sente-se em um momento em que ninguém possa atrapalhar sua concentração e divida o papel em duas colunas. Pense no seu ex. Em uma coluna, faça uma lista dos sentimentos negativos que ele provocou em você. Escreva o nome do sentimento e não o acontecimento. Por exemplo: raiva, tristeza, decepção, mágoa.

PARTE 2: depois faça uma descrição de como você acha que seu companheiro é emocionalmente, respondendo as seguintes perguntas:

- A pessoa com a qual você se relacionou sabe das coisas ou só acha que sabe?
- Ela é uma pessoa espiritualizada?
- Teve bons exemplos de relacionamento na vida? (Para responder bem a esta pergunta pense na mãe e no pai dele em termos de relacionamento).
- Defina se o seu ex é uma pessoa que manda bem emocionalmente. Seja realista.
- Pergunte-se se seu ex é uma pessoa que manda bem na própria vida de modo geral.

Dê uma nota para essa pessoa com base nas respostas que você deu. Sendo 10 para uma pessoa bem estruturada emocionalmente e 0 para uma pessoa toda bagunçada emocionalmente.

PARTE 3: agora volte à coluna onde escreveu os sentimentos negativos. Use cada nota junto a esta frase para cada sentimento:

*Devo esperar mais do que isso de uma pessoa*
*que tem a nota "X" na vida?*

O objetivo é você entender que de uma pessoa mal-educada não devemos esperar nada mais do que má educação. Uma pessoa sem noção dificilmente fará algo coerente. Em outras palavras, você vai tirar o peso emocionalmente falando de tudo que o outro fez. Faça o exercício pensando a respeito e verá a diferença.

## Exercício de limpeza emocional

Pegue um papel e um lápis (a grafite conduz energia por isso é melhor que a caneta neste caso). Escreva tudo o que vir a sua cabeça sobre como você está chateado, magoado, desgostoso, etc., sobre a sua vida e tudo o que aconteceu. Escreva sem reler, sem se importar com a letra ou se está alinhado. Simplesmente desabafe tudo o que está sentindo no papel.

Em seguida dobre o papel em dois. Depois segure-o entre as suas mãos enquanto repete as seguintes frases:

*Eu não preciso mais disso.*

*Posso seguir adiante.*

*Não vou mais olhar para tudo isso.*

Em seguida pique o papel devagar em pedaços bem pequeninhos enquanto vai repetindo:

*Eu não preciso mais disso, agora sigo adiante sem tudo isso.*

Você pode fazer este exercício quantas vezes achar necessário, pode rasgar ou queimar o papel, sentindo que tudo está realmente indo embora, saindo de dentro de você. É um exercício simples, fácil e muito poderoso.

## Exercício de gratidão

Este exercício será muito importante na sua vida. Ele serve para que dê um significado diferente ao que a outra pessoa representou na sua vida.

Você vai precisar de tintas coloridas, um vaso de gesso branco, um quadro em branco ou algo parecido com isso. Faça este exercício em uma hora em que esteja sossegado e tenha bastante tempo.

O vaso ou o quadro significa apenas uma representação da vida. Da sua vida. Escolha uma tinta de uma única cor, que o represente antes de ter conhecido seu parceiro. Pinte o vaso com esta tinta, lembrando de que essa cor vai representar como você estava antes de aquela pessoa entrar em sua vida.

Em seguida, pegue um papel e faça uma lista de tudo de bom que ele ou ela adicionou a sua vida durante o tempo em que estiveram juntos. Lembre-se da ajuda que recebeu e de que essa pessoa que é hoje só existe porque o outro contribuiu de alguma forma, seja com incentivo, seja com dinheiro, seja até mesmo com exemplos.

Os seus filhos não seriam as pessoas que são se não viessem desse ex também. Cada uma das coisas que escreveu deve ser representada por uma cor que deve ser desenhada como enfeite por cima da cor base, que representa sua vida antes desse relacionamento. Por exemplo: os filhos podem ser representados por bolinhas ou algo parecido. Ao pintar o que cada coisa adicionada na sua vida representa, sinta-se grato por ter aquilo, lembrando que se não fosse assim você não seria essa pessoa que é hoje, não teria certas coisas e experiências na vida.

Depois, mantenha este vaso ou quadro em algum lugar por algum tempo.

As tintas coloridas representam as coisas boas, é legal mostrar depois às crianças o que as coisas representam. Mostre e fale da parte legal, da gratidão.

## Exercício da árvore

Pense em tudo o que lhe aconteceu e como você está nos dias de hoje. Mude essa representação para uma árvore e desenhe-a representando-o. Se sentir que deve, desenhe e pinte.

Coloque então uma data e pendure em algum lugar. Depois de sete dias faça a mesma coisa e compare as árvores. Em seguida, repita o processo nas semanas seguintes.

Esse exercício servirá para observar o seu progresso emocional ao longo das semanas.

## Exercício de relaxamento emocional

Sempre que se sentir triste ou algum sentimento negativo se aproximar, faça um desenho em preto e branco representando essa tristeza. Em seguida, deixe este desenho colorido. Enquanto vai colorindo, pense que está modificando o sentimento.

# 23

# *Caderno de afirmações*

Essas afirmações foram preparadas para serem repetidas constantemente, como uma música em sua cabeça, e são importantes para que convença a si mesmo de que pode pensar, sentir e fazer diferente. Use-as principalmente em momentos em que estiver se sentindo angustiado, triste, etc.

Mesmo que no começo pareça que está dizendo uma mentira, com o tempo e a repetição irá se sentir melhor. Repita sentindo que essa é sua nova escolha. Você pode também escolher as afirmações e gravá-las com sua própria voz e ouvir repetidamente, é um exercício bastante poderoso.

As afirmações têm bastante poder, mas funciona somente com aquelas que a gente se identifica, não pode ser algo mecânico. Quando você escolhe algo novo para sua vida e uma frase para representar este novo momento, as afirmações funcionam como uma alavanca, pois saberá que o que está repetindo dentro de si é algo que quer para sua vida, sua nova identidade.

Manter o foco em si mesmo, esse é um dos poderes da afirmação. É como se lembrar constantemente de quem quer ser ao invés de utilizar todo o seu tempo pensando em problemas. Elas funcionam como declarações positivas que refletem seu estado de consciência.

Eu e Kátia utilizamos frequentemente as afirmações como verdadeiros mantras em nossas cabeças, o que nos ajuda a ficarmos serenas.

Em um momento em que tudo parecia sem solução, quando eu estava em uma situação indesejada e não conseguia enxergar nenhuma alternativa, uma afirmação teve muito poder sobre mim (Katia):

*Quando eu caminho pela Vida,*
*a vida abre todas as portas para mim!*

Essa afirmação me abriu para as possibilidades, e as soluções foram surgindo. Elas sempre estiveram ali, eu que não conseguia enxergar, o Universo tem infinitas possibilidades, basta que a gente se abra para elas. Acredite que é possível, declare, mesmo que no momento não saiba como, e o Universo faz o resto, traz soluções que você jamais poderia imaginar.

Pense que é melhor ocupar a sua mente com coisas positivas, que o levarão para frente, do que deixar a mente vagar no passado ou futuro. Experimente! Pratique!

Escolha as afirmações que para você faz mais sentido. Vou deixar aqui alguns exemplos, você pode e deve criar as suas próprias afirmações, sempre positivas e no presente:

- Eu sou forte e tudo está melhorando constantemente em minha vida.
- Estou calmo, sereno e me sinto cada vez mais equilibrado conforme os dias vão se passando.
- Eu me sinto em paz, estou em paz e sempre estarei em paz.
- Apesar de tudo, a cada dia que passa tudo fica muito melhor.
- Eu confio que tudo o que tem acontecido em minha vida é para que eu tenha uma vida melhor ainda.
- Eu sou poderosa e feliz. Eu sou poderoso e feliz.
- Eu escolho ter uma vida maravilhosa e estou na direção desse objetivo.

- Tudo o que eu precisar sempre estará ao meu alcance.
- Eu sei que tudo pode mudar para melhor a qualquer momento.
- Sou rápido e preciso em meus objetivos e por isso minha vida está melhor dia após dia.
- Qualquer coisa que aconteça sempre me dará mais poder.
- Minha consciência está em paz e por isso atraio a paz para minha vida.
- Eu sempre consigo realizar tudo que planejo.
- A cada dia que passa, minha vida fica melhor em todos os sentidos.
- Eu crio meu futuro e estou no caminho de fazer grandes coisas acontecerem.
- Só eu posso criar a minha realidade e escolher ser feliz.
- Eu me amo e me aceito do jeitinho que sou.
- Amo minha vida e me sinto grato por todas as experiências que vivi até hoje.
- Eu sou um poderoso ser espiritual e tudo dá sempre certo na minha vida.
- Eu sempre nutro meu corpo, minha mente e meu espírito de forma saudável e positiva.
- Sempre ajo com inteligência e sabedoria.
- Sei para onde estou indo e sei que estou chegando onde desejo.
- Eu quero, eu posso e por isso sempre consigo fazer meu dia maravilhoso em todos os sentidos.
- Eu escolho ser um bom exemplo de pessoa bem-sucedida para todos ao meu redor.
- Tomar decisões é fácil e simples para mim.
- Eu sei quem eu sou e por isso estou em paz.
- Sei que mereço o melhor e vou em direção de tudo que é belo.

- Eu respeito o tempo de cada um e sei que tudo está certo.
- Eu e minhas crianças vivemos em harmonia e sintonia no amor.
- Eu sei como ir além e todos os dias progrido em todos os sentidos.
- Minha vida é um mar de felicidade.
- Sou capaz e vou além.
- Tudo é fácil para mim.
- Eu posso, eu consigo, eu realizo.
- Tudo que me acontece é para o meu mais alto bem.
- Quando eu caminho pela vida, a vida abre todas as portas para mim.
- Sou 100% responsável pela minha vida.

***Afirmações que podem ser ensinadas para as crianças:***

- Eu sou muito feliz e me sinto muito bem todos os dias.
- Sou amor e sou feliz.
- Sou muito criativo.
- Eu gosto de todos e sei que todos gostam de mim.
- Meu pai e minha mãe gostam muito de mim.
- Eu gosto de mim.
- Sou querido por todos e muito feliz.
- Sou muito amado.
- Sou muito especial e inteligente.
- Mamãe e papai me amam muito.
- Sou protegido pelos anjos.
- O mundo é bom e tenho sempre sorte.
- Tudo dá certo na minha vida.
- Eu me amo muito e por isso tudo dá sempre certo.
- Eu sou capaz.

24

# *Cinco coisas que Kátia aprendeu com o divórcio*

## 1. Minha responsabilidade na separação

Lembre-se de que nós somos 100% responsáveis por tudo que nos acontece! Porém, quando o assunto é o relacionamento a dois, dar certo ou não, implica em um grau de responsabilidade que corresponde a 50% para cada um. Assumir nossa parte no que não deu certo, nos torna mais íntegros e contribui para evitar injustiças. E assim evoluímos mais rápido em nossa vida.

## 2. Eu não sei tudo

Quando assumi a condição de que eu não sabia tudo sobre o meu relacionamento, busquei ajuda. Com essa ajuda, passei a saber mais sobre mim mesma e isso foi libertador. Não se puna, nós nunca saberemos tudo, cada caso é um caso. Se achar que deve, procure ajuda, deixe as coisas acontecerem, deixa rolar, desencane, desapegue. Essas atitudes ajudam a passar pela tempestade de forma bem mais tranquila.

## 3. Sou capaz de superar qualquer adversidade

As adversidades fazem parte de nossa vida, querendo nós ou não. Os problemas que se apresentam diariamente diante de nós, são inerentes aos nossos desejos. Enfrentá-los é que deixa a coisa toda mais difícil. Mas não precisa ser assim. É possível superamos todos estes desafios se olharmos para o aprendizado que cada coisa que acontece traz à nossa vida. Somos capazes de seguir adiante quando entendemos que tudo aquilo que se passou teve um motivo maior. Todas as lições que recebemos existem porque, de alguma forma, precisamos delas.

## 4. Situações desafiadoras nos tornam mais forte

Se tudo fosse sempre fácil não conseguiríamos entender o aprendizado por trás de cada infortúnio. É importante aprendermos a olhar para o que aconteceu pelo ângulo positivo. É uma escolha encararmos as vicissitudes da vida de forma que passamos a nos enxergar mais forte e experientes, ao invés de nos vermos como alguém mais fraco depois de cada tropeço. Desafios fazem a gente se enxergar no final como grandes vencedores, nunca como perdedores.

## 5. Todo fim traz um recomeço

Aprendi que o fim não existe. O que existe é uma continuidade que se transforma em algo diferente. Os ciclos nos ensinam que depois da tempestade o céu se apresenta da forma mais linda e clara do que antes. A nossa vida continua, precisamos olhar para o nosso passado com boas lembranças em nosso coração, mesmo nas situações que se acabaram é possível ver a transformação, ao invés da estagnação. Sigamos sempre em frente, nos renovando, estando de coração aberto para o novo, nos entregando de corpo e alma para recomeçar!

25

# *Carta ao meu ex*

Meu querido Ex

Gostaria de deixar expressado que você foi um cara fantástico em minha vida. Te admiro muito. Com você aprendi a ser uma pessoa muito melhor, aprendi a olhar as coisas com outros olhos. Sinto também muita gratidão por você ter me proporcionado a oportunidade de conhecer o mundo. Nosso relacionamento deu certo, fomos um casal muito competente e o maior resultado disso são nossos três lindos filhos. Fizemos e continuamos a fazer um excelente trabalho. Sinto felicidade ao olhar para eles e enxergar pedacinhos lindo de você.

Guardo em meu coração todas as experiências que vivemos juntos, até as que foram desordenadas me trouxeram grandes lições de vida. Aprendi tanto, mas tanto que só tenho que agradecer.

Peço desculpas por aquilo que não pude ser para você e entendo completamente que precisava ser do jeito que foi. Hoje me sinto mais completa porque sei que tudo o que vivemos foi intenso e bonito. Você e sua família, que respeito muito, me trouxeram exemplos valiosos de vida em todos os sentidos.

Desejo do fundo da minha alma que você consiga encontrar o seu caminho e esteja sempre muito feliz em sua vida em todos os sentidos. Você sabe que pode contar comigo quando precisar. Respeito também o fato de não querer precisar.

Que os anjos iluminem o seu caminho.

Com amor, Cris

# 26

# *Conclusão*

CASAIS FELIZES SÃO CASAIS estruturados emocionalmente. Decida ser uma pessoa estruturada e a tornar o seu próximo relacionamento um grande sucesso.

***Um relacionamento é feliz e saudável quando:***

- Você consegue ser você mesmo;
- Sente-se apoiado e querido;
- Confia no outro;
- Tem liberdade de agir por si mesmo e para se sentir feliz do jeito que é;
- Consegue conversar e ter opinião diferente e mesmo assim ser respeitado;
- Tem no seu companheiro um grande amigo além de tudo;
- Crescem juntos em diversos aspectos;
- Existe reciprocidade na relação.

Pessoas estruturadas emocionalmente não tem grandes problemas, porque quando algo ruim acontece, elas sabem como resolver ou tem o telefone de quem pode ajudar. Já as pessoas desestruturadas emocionalmente conseguem somente aumentar cada vez mais o problema por não terem a visão de como sair daquilo de forma eficiente e sem grandes estragos.

Você pode chegar onde deseja se souber como! Seu relacionamento pode ser maravilhoso, basta entender como, portanto, continue sempre aprendendo.

Se outros conseguiram, você também pode conseguir. Permita-se e seja muito feliz. Você merece!

Esperamos sinceramente que este livro seja muito útil a você! Se mesmo com todas essas superdicas estiver difícil superar, você já tentou e não conseguiu, procure-me para um atendimento individual, eu utilizo inúmeras ferramentas para eliminar tudo que estiver impedindo a sua mais plena felicidade, que é seu direito divino. Ou, encontre um terapeuta de sua escolha. É proibido se acostumar com o que não lhe faz feliz!

Entre em contato com a gente. Escreva contando como este livro ajudou você a se reinventar!

Com carinho,

Cristina Longhi e Kátia Oliveira.
jornadasdaalma@gmail.com

# Poema de Kátia Oliveira

*Tudo tem uma razão de ser*
*Por isso, escolha se acalmar*
*No Alto confiar*
*O que te aflige vai se resolver*
*Você só precisa crer*
*A paz é a gente que cria*
*Aprender a ter paciência com a Vida*

*Saber esperar e acreditar*
*Que tudo que acontece*
*É para gente melhorar*
*Mesmo no momento pior*
*Uma lição aparece*
*Para quem quer e precisa aprender*
*A Vida envia um professor*
*Às vezes quem visita é a dor*
*O medo, a confusão*
*A solidão, até mesmo a traição*
*Sempre querendo nos fazer enxergar*
*Que é hora de parar*
*Olhar para si e perguntar*
*O que devo aprender?*
*O que preciso melhorar?*

*Nada muda se você não mudar*
*O primeiro passo é admitir a si*
*Que não está feliz*
*A si mesmo está enganando*
*Sempre fora procurando*
*Preencher o vazio*
*Que não está mais suportando*
*Aceite o que a vida trouxer*
*Sendo bom ou ruim*

*Agradeça! É um recado para ti*
*Um alerta, um aviso*
*Dizendo: "Ei, pare com isso!"*
*Nesse corpo existe uma alma*
*Que quer muito que saiba*
*O quanto você é poderoso*
*Para mudar não precisa ser doloroso*
*Você é filho do Pai*
*Onipotente, Onisciente e Onipresente*
*Por que com você que dele é parte seria diferente?*
*Todos os dias ele nos dá infinitas possibilidades*
*Basta ter vontade*
*E fazer a sua parte*
*Acender a luz que existe aí dentro*
*E deixá-la reluzir*
*Por onde decidir ir*
*Você nasceu para isso*
*Esse é o seu compromisso*
*Aprenda que a dor*
*Quer apenas nos levar*
*Ao caminho do Amor.*

# *Anotações importantes*

# Sugestões de leitura

## Sugestões de leitura

## Sugestões de leitura

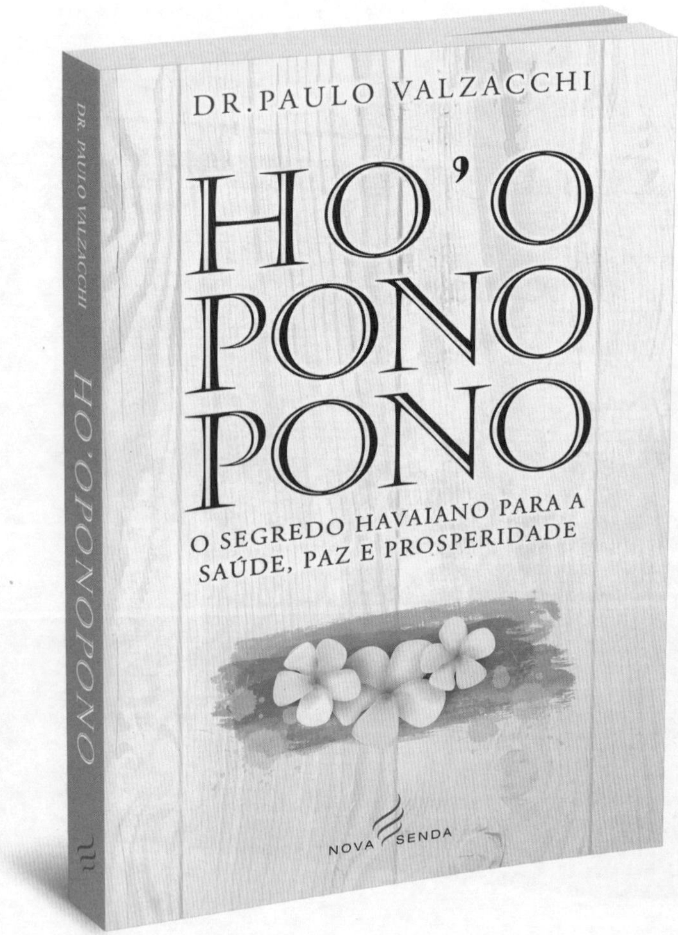